Impressum
Verlag: BABADADA GmbH, Nedderfeld 112 , 22529 Hamburg
Geschäftsführer / Verlagsleitung: Harald Hof
Druck: Books on Demand GmbH, In de Tarpen 42, 22848 Norderstedt

Imprint
Publisher: BABADADA GmbH, Nedderfeld 112 , 22529 Hamburg, Germany
Managing Director / Publishing direction: Harald Hof
Print: Books on Demand GmbH, In de Tarpen 42, 22848 Norderstedt

σχολείο

skole

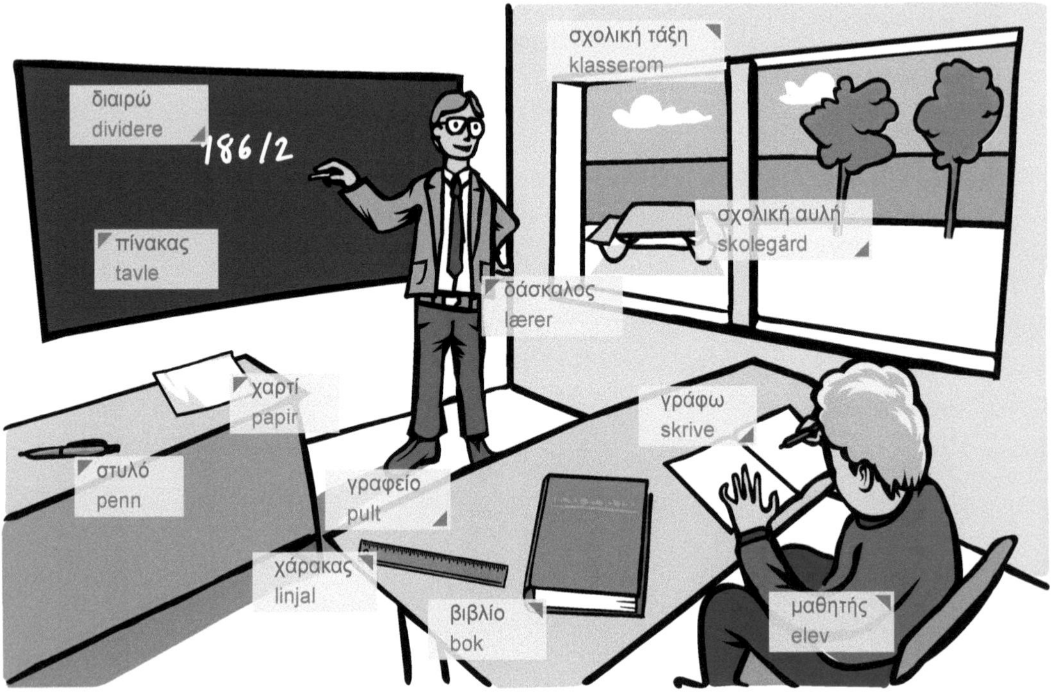
σχολική τάξη
klasserom
διαιρώ
dividere
186/2
σχολική αυλή
skolegård
πίνακας
tavle
δάσκαλος
lærer
χαρτί
papir
γράφω
skrive
στυλό
penn
γραφείο
pult
χάρακας
linjal
βιβλίο
bok
μαθητής
elev

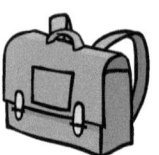

σχολική τσάντα

ransel

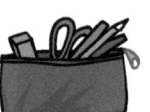

κασετίνα/ μολυβοθήκη

penal

μολύβι

blyant

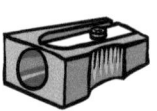

ξύστρα

blyantspisser

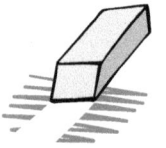

γόμα

viskelær

μπλοκ ζωγραφικής

tegneblokk

ζωγραφική

tegning

πινέλο

pensel

κουτί χρωμάτων

malerskrin

ψαλίδι

saks

κόλλα

lim

τετράδιο ασκήσεων

arbeidsbok

εργασία για το σπίτι

lekse

12

αριθμός

tall

2+2

προσθέτω

addere

5-2

αφαιρώ

subtrahere

2×2

πολλαπλασιάζω

multiplisere

υπολογίζω

regne

A

γράμμα

bokstav

ABCDEFG
HIJKLMN
OPQRSTU
VWXYZ

αλφάβητο

alfabet

hello

λέξη

ord

κείμενο
tekst

διαβάζω
lese

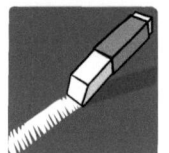

κιμωλία
kritt

μάθημα
skoletime

εγγράφομαι
klassebok

τεστ
eksamen

πιστοποιητικό
vitnemål

μαθητική στολή
skoleuniform

εκπαίδευση
utdannelse

εγκυκλοπαίδεια
leksikon

πανεπιστήμιο
universitet

μικροσκόπιο
mikroskop

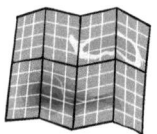

χάρτης
kart

καλάθι αχρήστων
papirkurv

4

ταξίδι
reise

ξενοδοχείο
hotell
ξενώνας
pensjonat
ROOMS
ανταλλακτήρια συναλλάγματος
vekslingskontor
βαλίτσα
koffert
αυτοκίνητο
bil

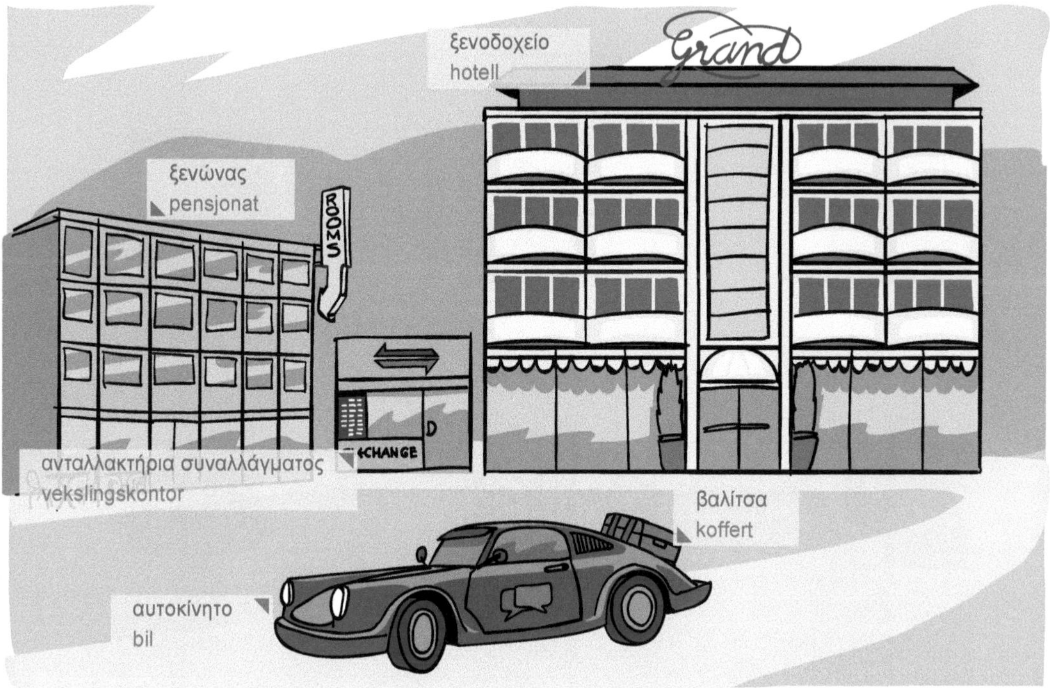

γλώσσα

språk

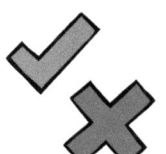

ναι / όχι

ja / nei

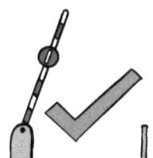

εντάξει

okay

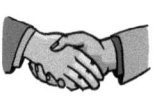

γεια σου

Hei

μεταφραστής

tolk

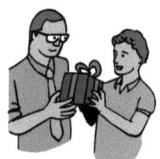

Ευχαριστώ

takk skal du ha

πόσο κάνει ;

Hva koster...?

Δε καταλαβαίνω

Jeg forstår ikke

πρόβλημα

problem

Καλησπέρα!

God kveld!

Καλημέρα!

God morgen!

Καληνύχτα!

God natt!

Αντίο

ha det bra

κατεύθυνση

retning

αποσκευές

bagasje

τσάντα

veske

σακίδιο πλάτης

ryggsekk

καλεσμένος

gjest

δωμάτιο

rom

υπνόσακος

sovepose

σκηνή

telt

τουριστικές πληροφορίες

turistinformasjon

παραλία

strand

πιστωτική κάρτα

kredittkort

πρωινό

frokost

μεσημεριανό

lunsj

δείπνο

middag

εισιτήριο

billett

ανελκυστήρας

heis

γραμματόσημο

stempel

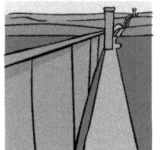

σύνορα

grense

τελωνείο

toll

πρεσβεία

ambassade

βίζα

visum

διαβατήριο

pass

ταξίδι - reise

μεταφορά

transport

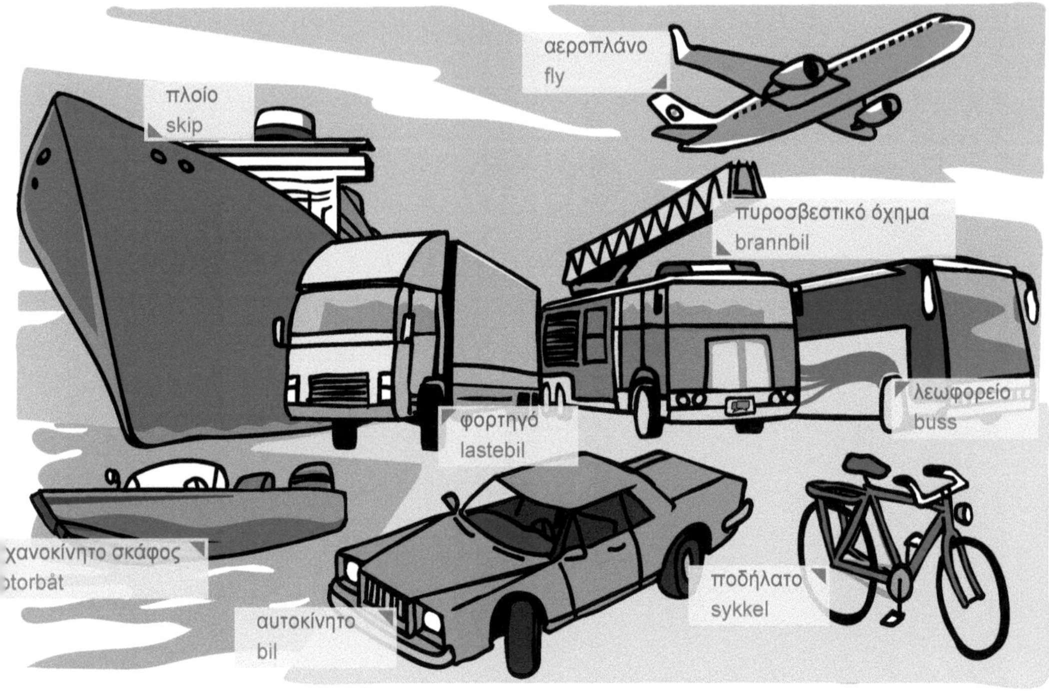
αεροπλάνο
fly
πλοίο
skip
πυροσβεστικό όχημα
brannbil
λεωφορείο
buss
φορτηγό
lastebil
χανοκίνητο σκάφος
torbåt
ποδήλατο
sykkel
αυτοκίνητο
bil

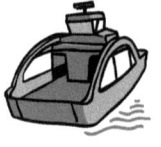

φεριμπότ

ferge

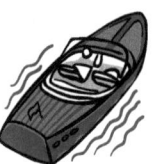

βάρκα

båt

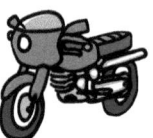

μοτοσικλέτα

motorsykkel

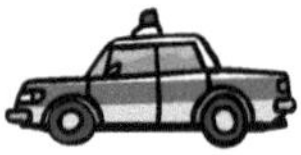

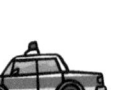

περιπολικό

politibil

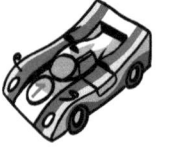

αγωνιστικό αυτοκίνητο

racerbil

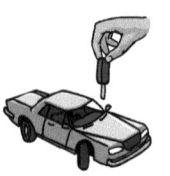

ενοικιαζόμενο αυτοκίνητο

leiebil

διαμοιρασμός αυτοκινήτων

bilkollektiv

γερανός

bergingsbil

απορριμματοφόρο

søppelbil

κινητήρας

motor

καύσιμο

brennstoff

βενζινάδικο

bensinstasjon

πινακίδα σήμανσης

trafikkskilt

κυκλοφορία

trafikk

κυκλοφοριακή συμφόρηση

trafikkork

χώρος στάθμευσης

parkeringsplass

σιδηροδρομικός σταθμός

togstasjon

σιδηροδρομικές γραμμές

skinne

τρένο

tog

τραμ

trikk

βαγόνι

vogn

ελικόπτερο

helikopter

αεροδρόμιο

flyplass

πύργος

tårn

επιβάτης

passasjer

εμπορευματοκιβώτιο

konteiner

χαρτοκιβώτιο

kartong

καρότσι

tralle

καλάθι

kurv

απογειώνομαι /
προσγειώνομαι

starte / lande

πόλη

by

χωριό

landsby

κέντρο της πόλης

sentrum

σπίτι

hus

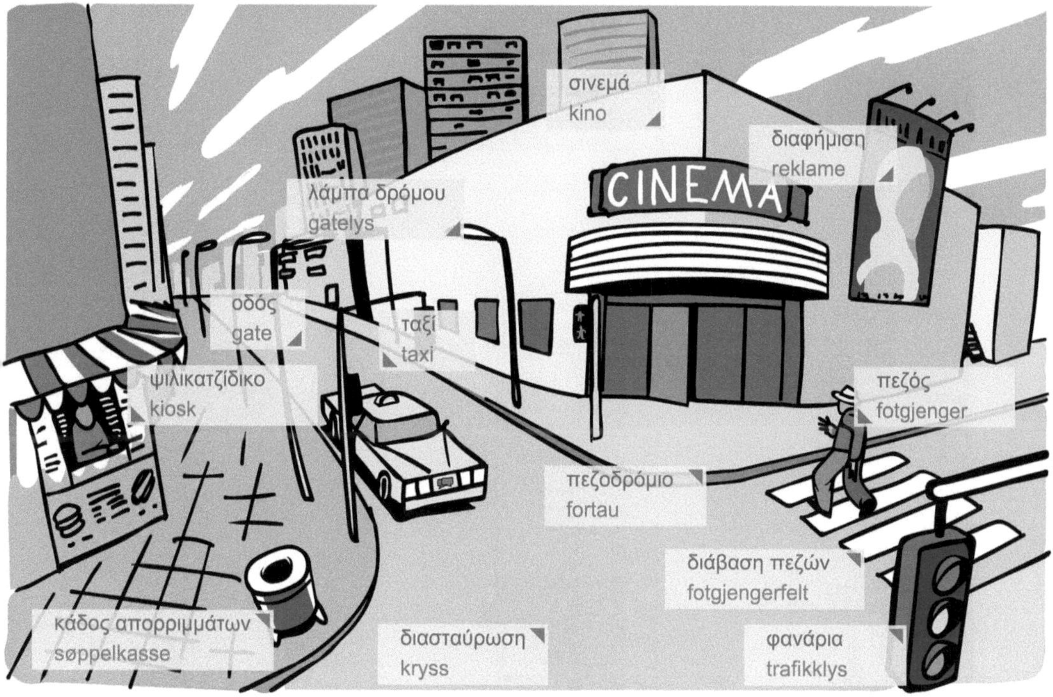

σινεμά
kino

διαφήμιση
reklame

λάμπα δρόμου
gatelys

CINEMA

οδός
gate

ταξί
taxi

ψιλικατζίδικο
kiosk

πεζός
fotgjenger

πεζοδρόμιο
fortau

διάβαση πεζών
fotgjengerfelt

κάδος απορριμμάτων
søppelkasse

διασταύρωση
kryss

φανάρια
trafikklys

καλύβα
....
hytte

διαμέρισμα
....
leilighet

σιδηροδρομικός σταθμός
....
togstasjon

δημαρχείο
....
råmdhus

μουσείο
....
museum

σχολείο
....
skole

πανεπιστήμιο

universitet

τράπεζα

bank

νοσοκομείο

sykehus

ξενοδοχείο

hotell

φαρμακείο

apotek

γραφείο

kontor

βιβλιοπωλείο

bokhandel

κατάστημα

butikk

ανθοπωλείο

blomsterbutikk

σούπερ μάρκετ

matbutikk

αγορά

marked

πολυκατάστημα

varehus

ιχθυοπωλείο

fiskehandler

εμπορικό κέντρο

kjøpesenter

λιμάνι

havn

πάρκο

park

παγκάκι

benk

γέφυρα

bro

σκάλες

trapp

μετρό

t-bane

τούνελ

tunnel

στάση λεωφορείου

busstopp

μπαρ

bar

εστιατόριο

restaurant

γραμματοκιβώτιο

postkasse

πινακίδα δρόμου

gateskilt

παρκόμετρο

parkometer

ζωολογικός κήπος

dyrehage

πισίνα

svømmebasseng

τζαμί

moské

πόλη - by

13

αγρόκτημα

bondegård

ρύπανση

miljøforurensing

νεκροταφείο

kirkegård

εκκλησία

kirke

παιδική χαρά

lekeplass

ναός

tempel

τοπίο
landskap

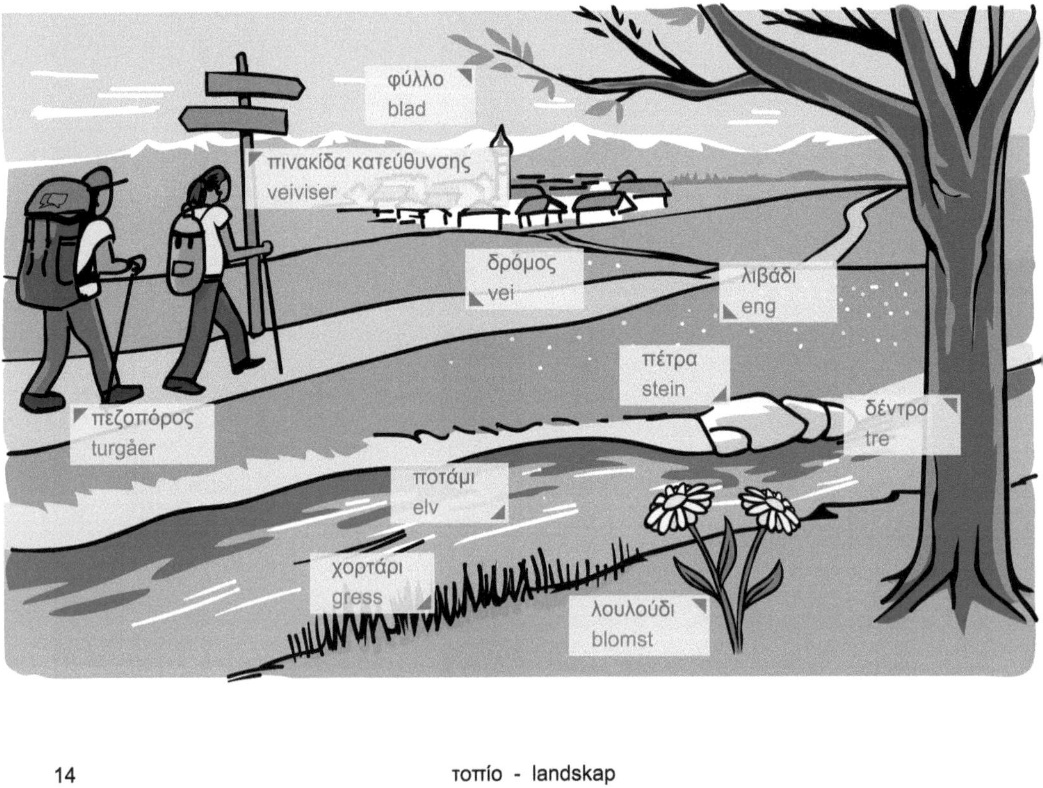

φύλλο
blad

πινακίδα κατεύθυνσης
veiviser

δρόμος
vei

λιβάδι
eng

πέτρα
stein

δέντρο
tre

πεζοπόρος
turgåer

ποτάμι
elv

χορτάρι
gress

λουλούδι
blomst

κοιλάδα

dal

λόφος

fjell

λίμνη

innsjø

δάσος

skog

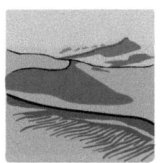

έρημος

ørken

ηφαίστειο

vulkan

κάστρο

slott

ουράνιο τόξο

regnbue

μανιτάρι

sopp

φοίνικας

palmetre

κουνούπι

mygg

μύγα

flue

μυρμήγκι

maur

μέλισσα

bie

αράχνη

edderkopp

σκαθάρι

bille

βάτραχος

frosk

σκίουρος

ekorn

σκαντζόχοιρος

piggsvin

λαγός

hare

κουκουβάγια

ugle

πουλί

fugl

κύκνος

svane

αγριογούρουνο

villsvin

ελάφι

hjort

άλκη

elg

φράγμα

demning

ανεμογεννήτρια

vindturbin

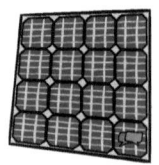

ηλιακός συλλέκτης

solcellepanel

κλίμα

klima

εστιατόριο
restaurant

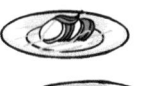

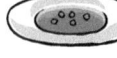

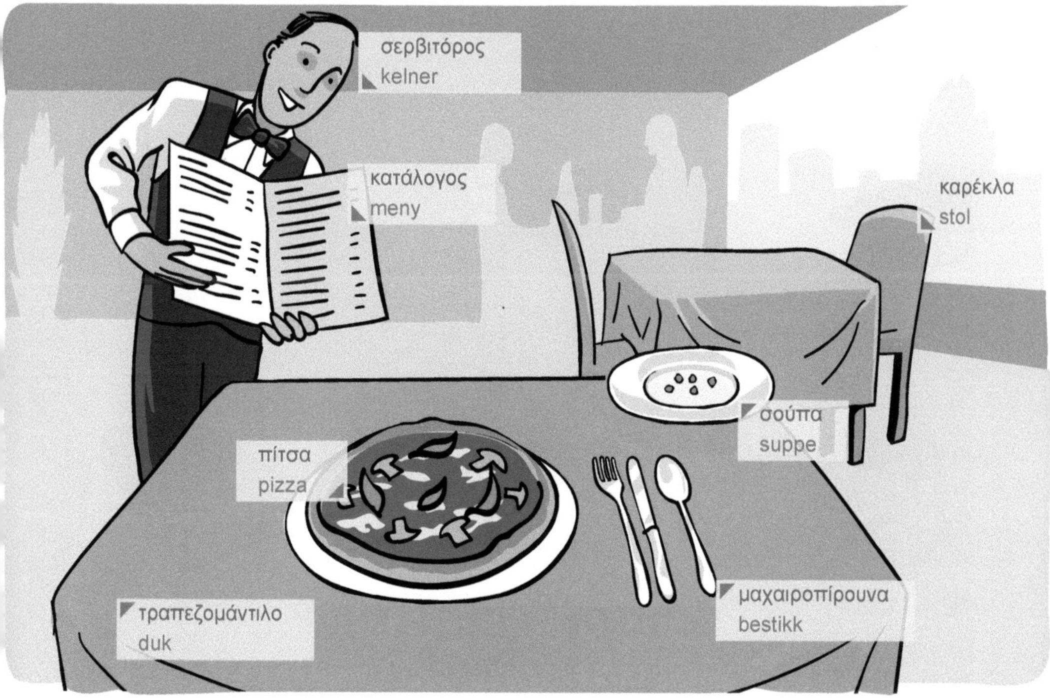
σερβιτόρος
kelner
κατάλογος
meny
καρέκλα
stol
σούπα
suppe
πίτσα
pizza
τραπεζομάντιλο
duk
μαχαιροπίρουνα
bestikk

ορεκτικό
forrett

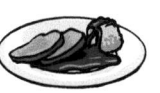

κύριο πιάτο
hovedrett

επιδόρπιο
dessert

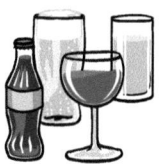

ποτά
drikkevarer

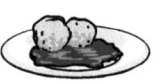

φαγητό
mat

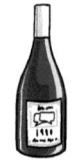

μπουκάλι
flaske

φαστ φουντ

hurtigmat

φαγητό στ' όρθιο

gatemat

τσαγιέρα

tekanne

δοχείο ζάχαρης

sukkerskål

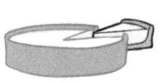

μερίδα

porsjon

μηχανή εσπρέσο

espressomaskin

ψηλή καρέκλα

barnestol

λογαριασμός

regning

δίσκος

brett

μαχαίρι

kniv

πιρούνι

gaffel

κουτάλι

skje

κουταλάκι του τσαγιού

teskje

πετσέτα φαγητού

serviett

ποτήρι

glass

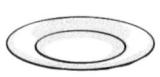

πιάτο

tallerken

πιάτο σούπας

suppetallerken

πιατάκι φλιτζανιού

skål

σάλτσα

saus

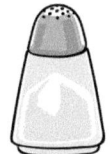

αλατιέρα

saltbøsse

μύλος για πιπέρι

pepperkvern

ξύδι

eddik

λάδι

olje

μπαχαρικά

krydder

κέτσαπ

ketchup

μουστάρδα

sennep

μαγιονέζα

majones

σούπερ μάρκετ
matbutikk

προσφορά
tilbud
FOR
πελάτης
kunde
γαλακτοκομικά προϊόντα
meieriprodukt
φρούτα
frukt
καρότσι για ψώνια
handlevogn

BUTCHERS

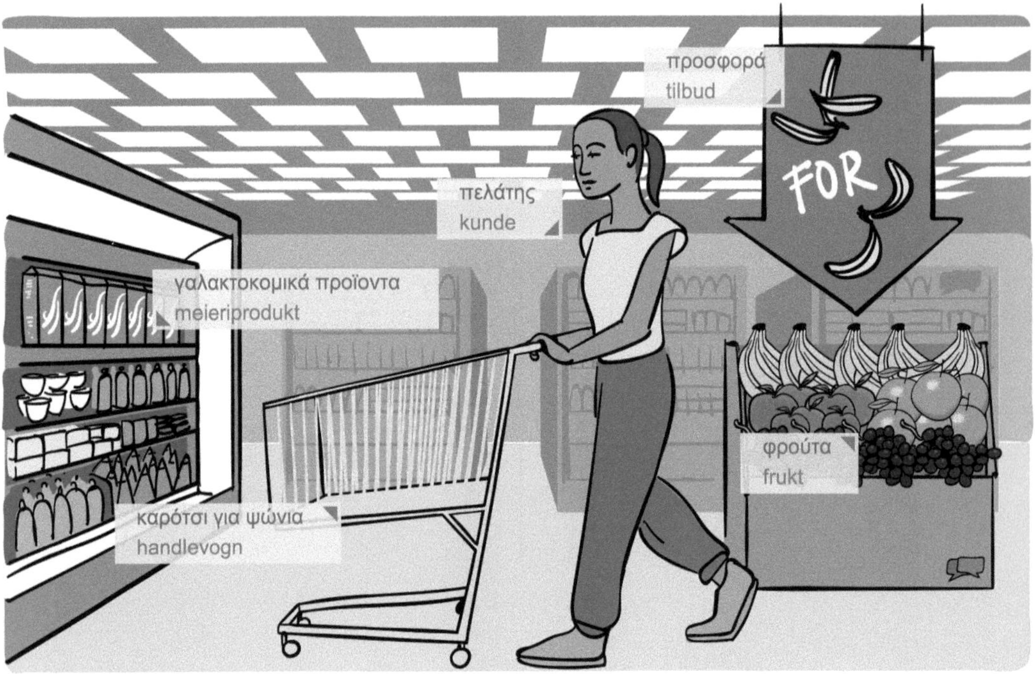

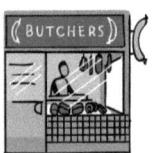

κρεοπωλείο

slakter

BAKERY

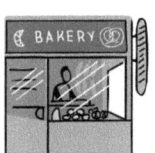

φούρνος

bakeri

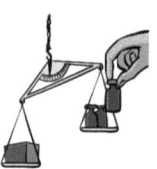

ζυγίζω

veie

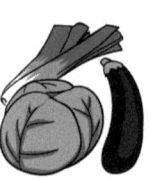

λαχανικά

grønnsaker

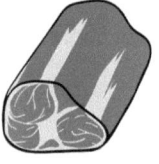

κρέας

kjøtt

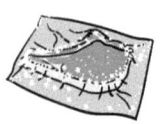

κατεψυγμένα τρόφιμα

frysevarer

αλλαντικά

oppskåret pålegg

κονσερβοποιημένη τροφή

hermetikk

απορρυπαντικό ρούχων

vaskepulver

γλυκά

godteri

οικιακά είδη

husholdningsprodukter

καθαριστικά προϊόντα

rengjøringsmidler

πωλήτρια

butikkmedarbeider

ταμείο

kassaapparat

ταμίας

kasserer

λίστα για ψώνια

handleliste

ωράριο λειτουργίας

åpningstider

πορτοφόλι

lommebok

πιστωτική κάρτα

kredittkort

τσάντα

veske

πλαστική σακούλα

plastpose

νερό

vann

χυμός

juice

γάλα

melk

κόκα κόλα

cola

κρασί

vin

μπίρα

øl

αλκοόλ

alkohol

κακάο

kakao

τσάι

te

καφές

kaffe

εσπρέσο

espresso

καπουτσίνο

cappuccino

μπανάνα

banan

μήλο

eple

πορτοκάλι

appelsin

πεπόνι

melon

λεμόνι

sitron

καρότο

gulrot

σκόρδο

hvitløk

μπαμπού

bambus

κρεμμύδι

løk

μανιτάρι

sopp

ξηροί καρποί

nøtter

νουντλς

nudler

μακαρόνια

spagetti

ρύζι

ris

σαλάτα

salat

πατατάκια

pommes frites

τηγανητές πατάτες

stekte poteter

πίτσα

pizza

χάμπουργκερ

hamburger

σάντουιτς

sandwich

κοτολέτα

biff

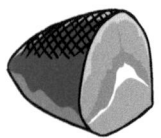

ζαμπόν

skinke

σαλάμι

salami

λουκάνικο

pølse

κοτόπουλο

kylling

ψητό

stek

ψάρι

fisk

χυλός βρώμης

havregryn

μούσλι

müsli

κορν φλέικς

cornflakes

αλεύρι

mel

κρουασάν

croissant

ψωμάκι

rundstykke

ψωμί

brød

τοστ

ristet brød

μπισκότα

kjeks

βούτυρο

smør

τυρόπηγμα

kvarg

κέικ

kake

αυγό

egg

τηγανητό αυγό

speilegg

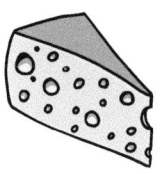

τυρί

ost

παγωτό	ζάχαρη	μέλι
iskrem	sukker	honning

μαρμελάδα	άλλειμμα σοκολάτας	κάρυ
syltetøy	sjokoladepålegg	karri

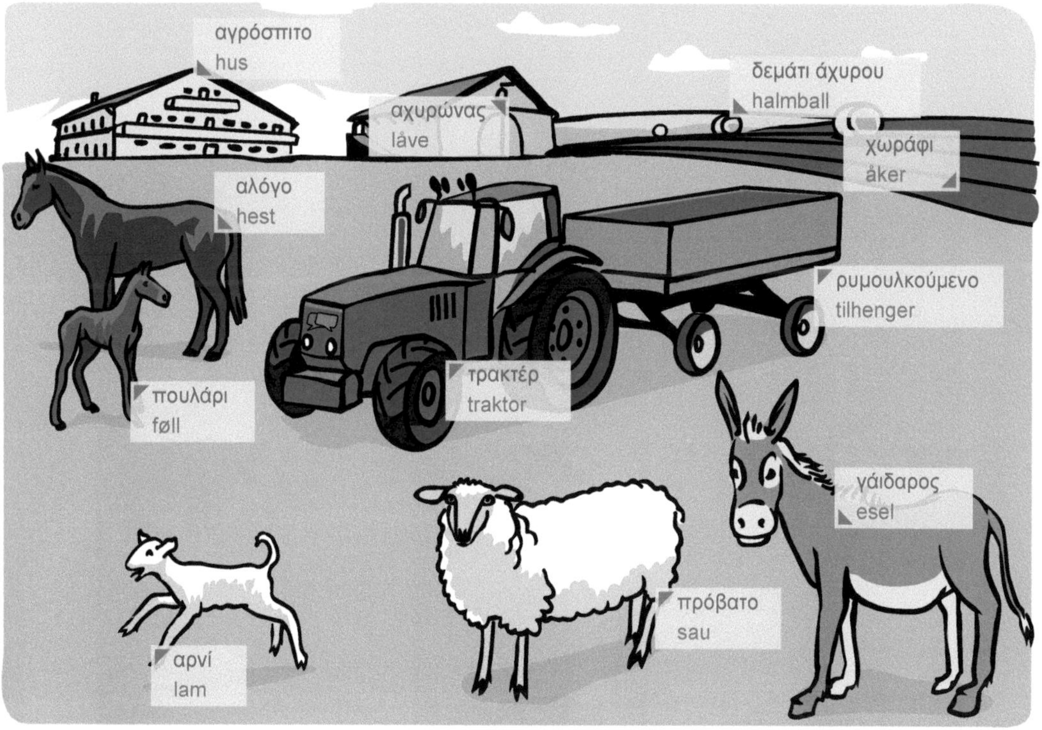

αγρόσπιτο
hus

αχυρώνας
láve

δεμάτι άχυρου
halmball

χωράφι
åker

αλόγο
hest

ρυμουλκούμενο
tilhenger

πουλάρι
føll

τρακτέρ
traktor

γάιδαρος
esel

αρνί
lam

πρόβατο
sau

κατσίκα

geit

αγελάδα

ku

μοσχαράκι

kalv

γουρούνι

gris

γουρουνάκι

grisunge

ταύρος

okse

χήνα

gås

πάπια

and

κοτοπουλάκι

kylling

κότα

høne

κόκορας

hane

αρουραίος

rotte

γάτα

katt

ποντίκι

mus

βόδι

okse

σκύλος

hund

σπιτάκι σκύλου

hundehus

λάστιχο κήπου

hageslange

ποτιστήρι

vannkanne

θεριστήρι

ljå

αλέτρι

plog

δρεπάνι

sigd

τσάπα

hakke

δίκρανο

høygaffel

τσεκούρι

øks

χειράμαξα

trillebår

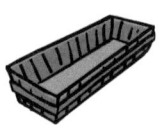

ταΐστρα

trau

δοχείο γάλακτος

melkekanne

σάκος

sekk

φράχτης

gjerde

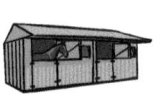

στάβλος

fjøs

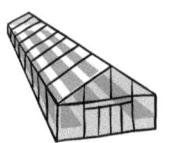

θερμοκήπιο

drivhus

έδαφος

jord

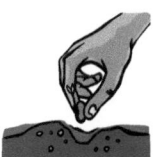

σπόρος

frø

λίπασμα

gjødsel

θεριζοαλωνιστική μηχανή

skurtresker

θερίζω

høste

συγκομιδή

innhøsting

γιαμς

yams

σιτάρι

hvete

σόγια

soja

πατάτα

potet

καλαμπόκι

mais

κράμβη

raps

οπωροφόρο δέντρο

frukttre

μανιόκα

kassava

δημητριακά

korn

αγρόκτημα - bondegård

σπίτι

hus

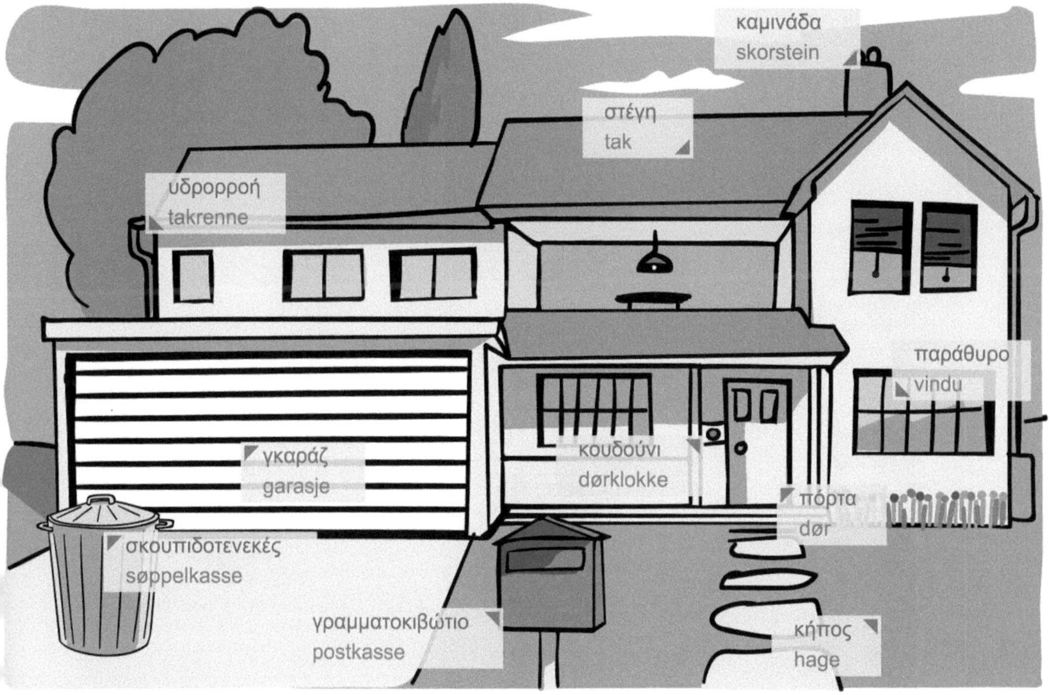
καμινάδα
skorstein
στέγη
tak
υδρορροή
takrenne
παράθυρο
vindu
γκαράζ
garasje
κουδούνι
dørklokke
πόρτα
dør
σκουπιδοτενεκές
søppelkasse
γραμματοκιβώτιο
postkasse
κήπος
hage

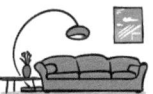

σαλόνι

stue

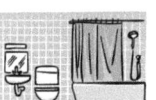

μπάνιο

bad

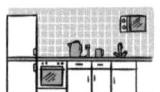

κουζίνα

kjøkken

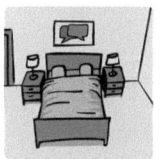

υπνοδωμάτιο

soverom

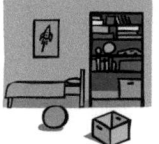

παιδικό δωμάτιο

barnerom

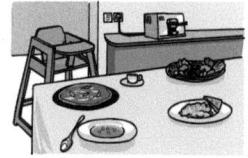

τραπεζαρία

spisestue

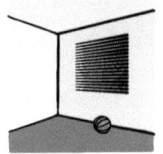

πάτωμα
gulv

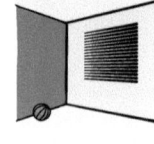

τοίχος
vegg

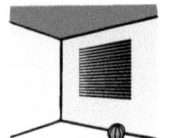

οροφή
tak

κελάρι
kjeller

σάουνα
badstue

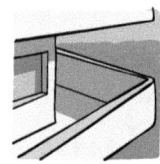

μπαλκόνι
balkong

βεράντα
terrasse

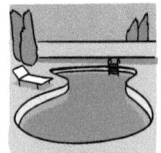

πισίνα
svømmebasseng

μηχανή του γκαζόν
gressklipper

σεντόνι
laken

κάλυμμα κρεβατιού
dyne

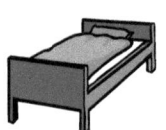

κρεβάτι
seng

σκούπα
kost

κουβάς
bøtte

διακόπτης
bryter

σαλόνι
stue

ταπετσαρία
tapet
φωτογραφία
bilde
λάμπα
lampe
ράφι
hylle
ντουλάπι
skap
τηλεόραση
tv
τζάκι
peis
λουλούδι
blomst
μαξιλάρι
pute
καναπές
sofa
βάζο
vase
τηλεκοντρόλ
fjernkontroll

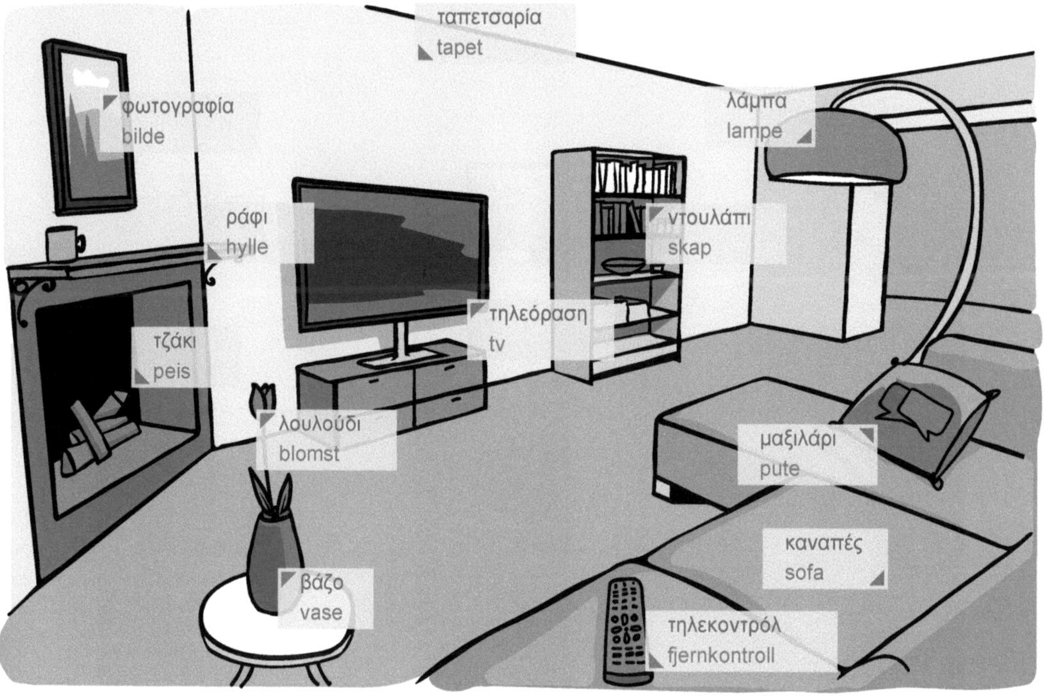

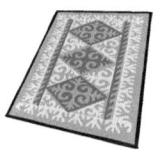

χαλί
gulvteppe

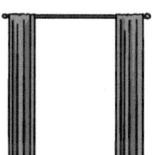

κουρτίνα
gardin

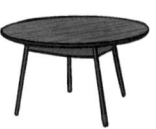

τραπέζι
bord

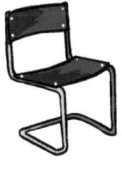

καρέκλα
stol

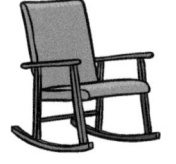

κουνιστή πολυθρόνα
gyngestol

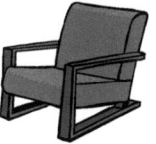

πολυθρόνα
lenestol

βιβλίο

bok

κουβέρτα

teppe

διακόσμηση

dekorasjon

καυσόξυλα

ved

ταινία

film

στερεοφωνικό σύστημα

stereoanlegg

κλειδί

nøkkel

εφημερίδα

avis

πίνακας ζωγραφικής

maleri

αφίσα

plakat

ραδιόφωνο

radio

σημειωματάριο

notatblokk

ηλεκτρική σκούπα

στøvsuger

κάκτος

kaktus

κερί

lys

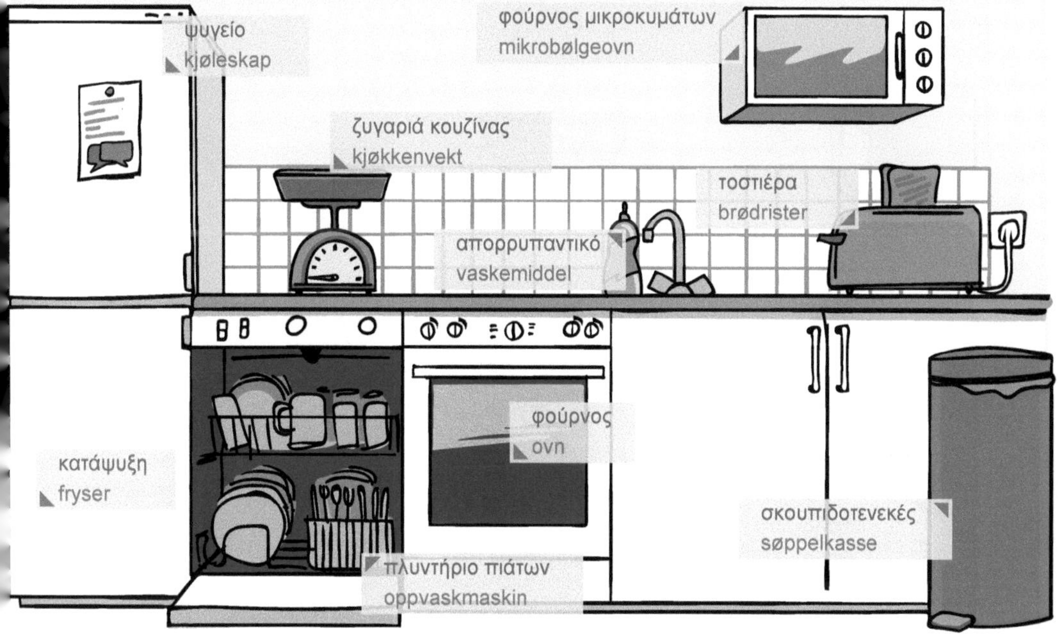

ψυγείο
kjøleskap

φούρνος μικροκυμάτων
mikrobølgeovn

ζυγαριά κουζίνας
kjøkkenvekt

τοστιέρα
brødrister

απορρυπαντικό
vaskemiddel

κατάψυξη
fryser

φούρνος
ovn

σκουπιδοτενεκές
søppelkasse

πλυντήριο πιάτων
oppvaskmaskin

κουζίνα
komfyr

κατσαρόλα
gryte

μαντεμένια κατσαρόλα
jerngryte

γουόκ/καντάι
wokpanne

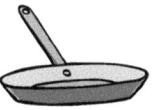

τηγάνι
panne

βραστήρας
vannkoker

ατμομάγειρας

dampovn

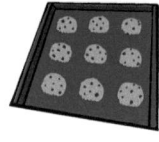

ταψί

stekebrett

πιατικά

servise

κούπα

krus

μπολ

bolle

ξυλάκια

spisepinner

κουτάλα

øse

σπάτουλα

stekespade

ανακατεύω

visp

σουρωτήρι

sil

σουρωτηράκι

sil

τρίφτης

rivjern

γουδί

mørtel

ψησταριά

grill

ανοιχτή φωτιά

bål

σανίδα κοπής

skjærefjøl

πλάστης

kjevle

ανοιχτήρι φελλών

korketrekker

κονσέρβα

boks

ανοιχτήρι κονσέρβας

boksåpner

γάντι φούρνου

gryteklut

νεροχύτης

vask

βούρτσα

børste

σφουγγάρι

svamp

μπλέντερ

blender

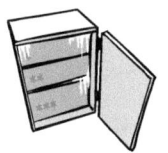

καταψύκτης

fryseboks

μπιμπερό

tåteflaske

βρύση

kran

μπάνιο
bad

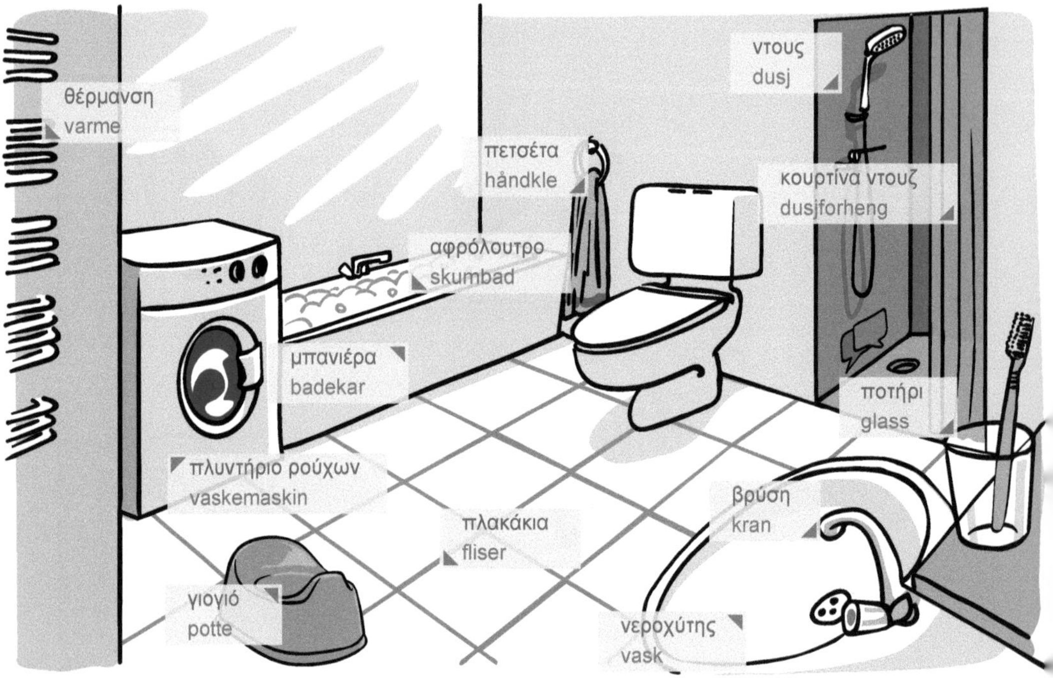

θέρμανση
varme
ντους
dusj
πετσέτα
håndkle
κουρτίνα ντουζ
dusjforheng
αφρόλουτρο
skumbad
μπανιέρα
badekar
ποτήρι
glass
πλυντήριο ρούχων
vaskemaskin
βρύση
kran
πλακάκια
fliser
γιογιό
potte
νεροχύτης
vask

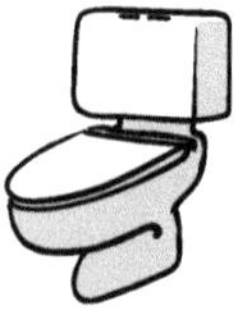

τουαλέτα
toalett

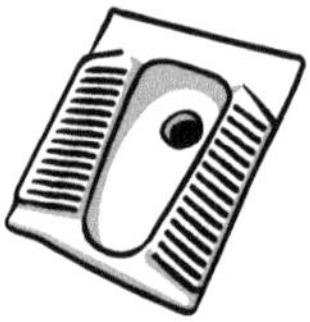

τούρκικη τουαλέτα
ståtoalett

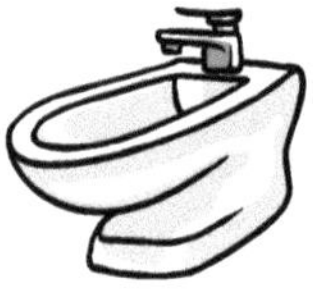

μπιντές
bidet

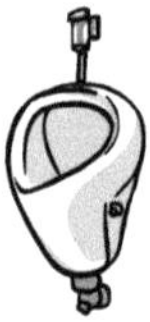

ουρητήριο
pissoar

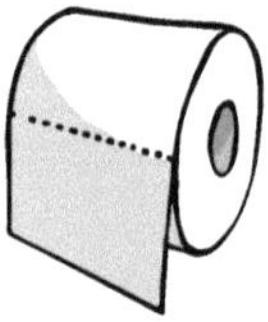

χαρτί υγείας
toalettpapir

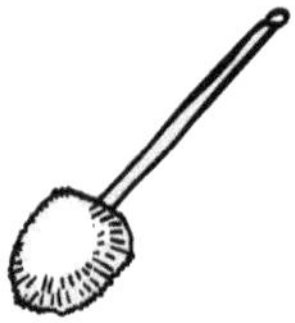

πιγκάλ
toalettbørste

οδοντόβουρτσα

tannbørste

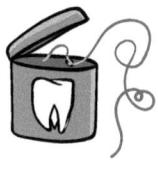

οδοντόκρεμα

tannkrem

οδοντικό νήμα

tanntråd

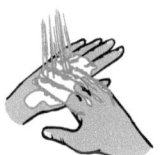

πλένω

vaske

τηλέφωνο ντους

hånddusj

ντουσιέρα

intimdusj

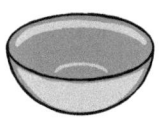

λεκάνη

oppvaskbalje

βούρτσα πλάτης

ryggbørste

σαπούνι

såpe

αφρόλουτρο

dusjsåpe

σαμπουάν

sjampo

φανέλα

vaskeklut

σιφόνι

avløp

κρέμα

krem

αποσμητικό

deodorant

καθρέφτης
speil

καθρέφτης χειρός
håndspeil

ξυραφάκι
barberhøvel

αφρός ξυρίσματος
barberskum

αφτερσέιβ
barberingsvann

χτένα
kam

βούρτσα
børste

σεσουάρ
hårføner

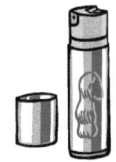

λακ
hårspray

μακιγιάζ
sminke

κραγιόν
lebestift

βερνίκι νυχιών
neglelakk

βαμβάκι
bomullsdott

ψαλίδι νυχιών
neglesaks

άρωμα
parfyme

νεσεσέρ

toalettmappe

σκαμπό

krakk

ζυγαριά

vekt

μπουρνούζι

badekåpe

ελαστικά γάντια

gummihansker

ταμπόν

tampong

πετσέτα υγιεινής

sanitetsbind

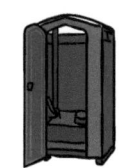

χημική τουαλέτα

kjemisk toalett

παιδικό δωμάτιο

barnerom

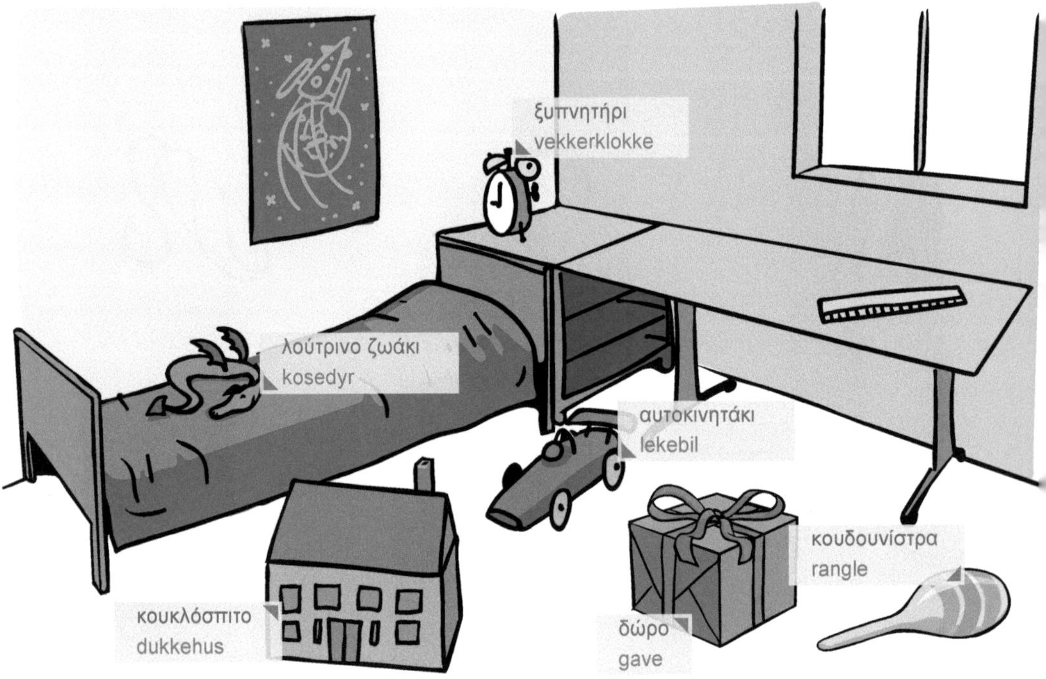

ξυπνητήρι
vekkerklokke
λούτρινο ζωάκι
kosedyr
αυτοκινητάκι
lekebil
κουδουνίστρα
rangle
κουκλόσπιτο
dukkehus
δώρο
gave

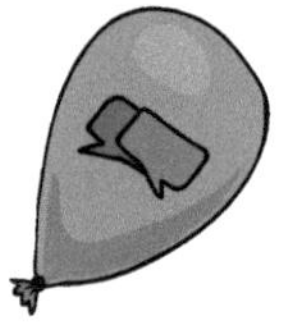

μπαλόνι

ballong

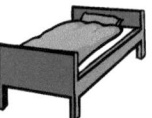

κρεβάτι

seng

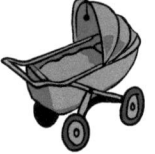

καροτσάκι

barnevogn

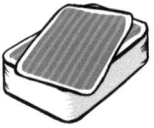

τράπουλα

kortstokk

παζλ

puslespill

SUPER
MEGA

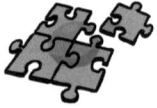

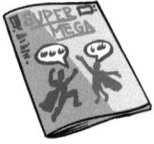

κόμικς

tegneserie

τουβλάκια lego

lego klosser

τουβλάκια κατασκευών

byggeklosser

φιγούρα δράσης

actionfigur

βρεφικό φορμάκι

sparkebukse

φρίσμπι

frisbee

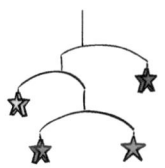

μόμπιλο

uro

επιτραπέζιο παιχνίδι

brettspill

ζάρια

terning

σετ τρενάκι

togbane

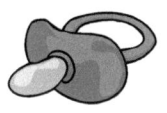

πιπίλα

smokk

πάρτι

fest

εικονογραφημένο βιβλίο

bildebok

μπάλα

ball

κούκλα

dukke

παίζω

leke

σκάμμα με άμμο

sandkasse

κούνια

gynge

παιχνίδια

leketøy

κονσόλα βιντεοπαιχνιδιών

spillekonsoll

τρίκυκλο

trehjulssykkel

αρκουδάκι

bamse

ντουλάπα

garderobeskap

ρούχα
klær

κάλτσες

sokker

καλτσοδέτες

strømper

καλσόν

strømpebukse

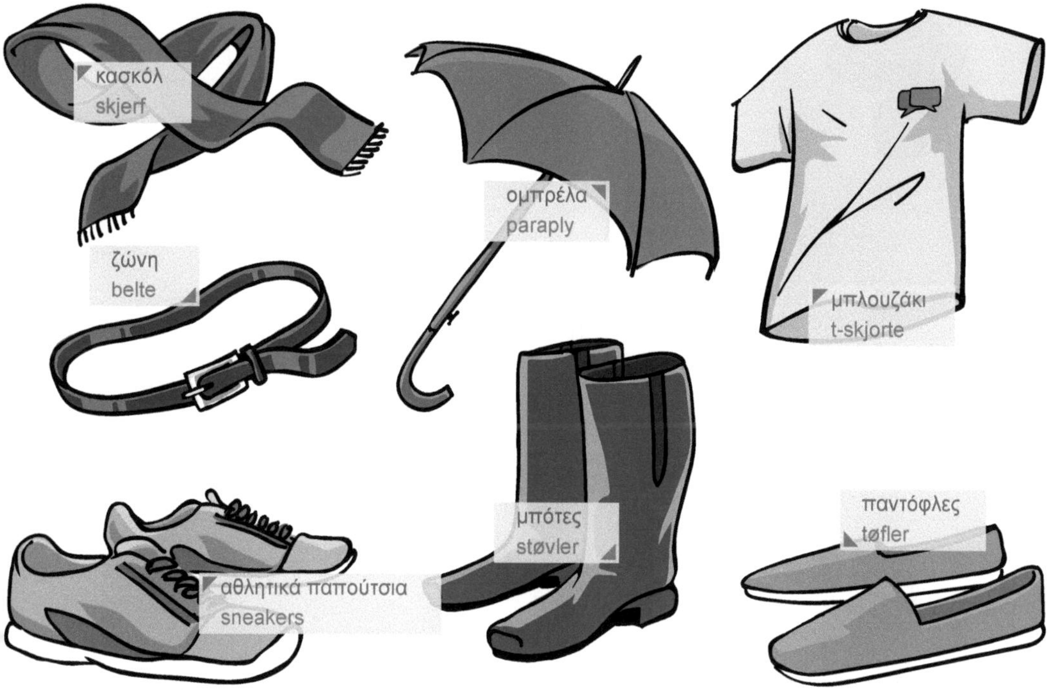

κασκόλ
skjerf

ζώνη
belte

ομπρέλα
paraply

μπλουζάκι
t-skjorte

μπότες
støvler

παντόφλες
tøfler

αθλητικά παπούτσια
sneakers

σανδάλια
sandaler

παπούτσια
sko

γαλότσες
gummistøvler

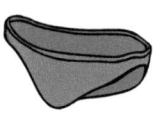

εσώρουχο
underbukse

σουτιέν
BH

φανέλα
undertrøye

σώμα

body

παντελόνι

bukse

τζιν παντελόνι

dongeribukse

φούστα

skjørt

μπλούζα

bluse

πουκάμισο

skjorte

πουλόβερ

genser

πουλόβερ

hettegenser

σακάκι

dressjakke

μπουφάν

jakke

παλτό

kåpe

αδιάβροχο πανωφόρι

regnjakke

κοστούμι

drakt

φόρεμα

kjole

νυφικό

brudekjole

κοστούμι
dress

νυχτικό
nattkjole

πιτζάμες
pyjamas

σάρι
sari

μαντήλι
skaut

τουρμπάνι
turban

μπούρκα
burka

καφτάνι
kaftan

μουσουλμανικό ένδυμα
abaya

ολόσωμο μαγιό
badedrakt

ανδρικό μαγιό
badebukse

σορτς
shorts

αθλητική φόρμα
treningsklær

ποδιά
forkle

γάντια
handske

κουμπί

knapp

γυαλιά

brille

βραχιόλι

armbånd

περιδέραιο

kjede

δαχτυλίδι

ring

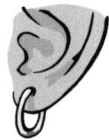

σκουλαρίκι

øredobb

καπέλο

lue

κρεμάστρα

kleshenger

καπέλο

hatt

γραβάτα

slips

φερμουάρ

glidelås

κράνος

hjelm

τιράντες

bukseseler

μαθητική στολή

skoleuniform

στολή

uniform

σαλιάρα
smekke

πιπίλα
smokk

πάνα
bleie

γραφείο
kontor

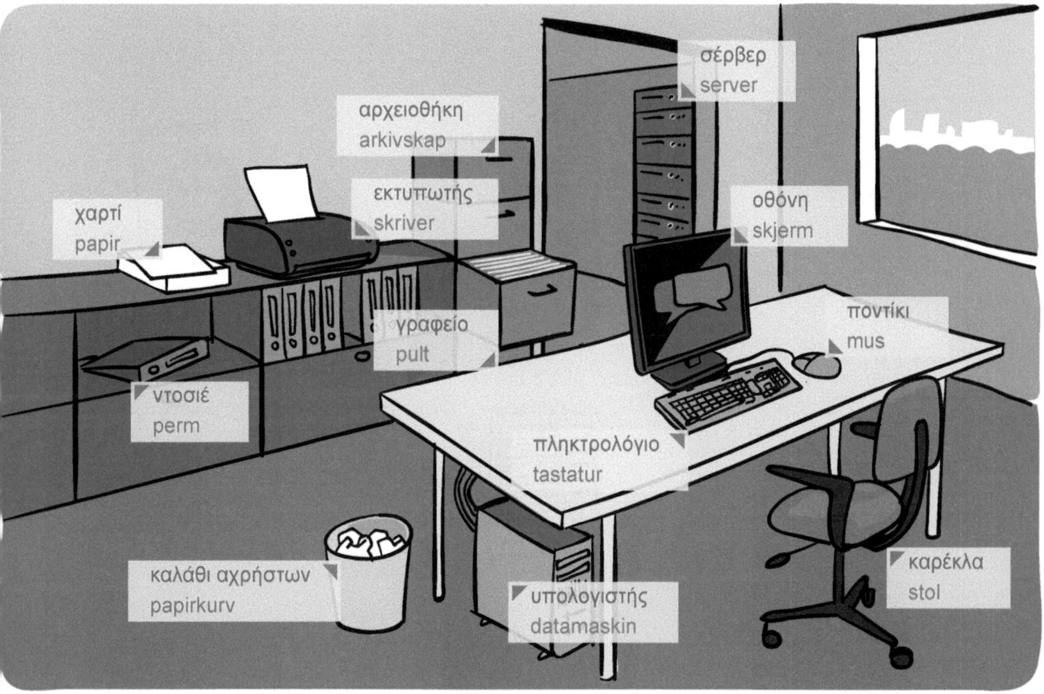

σέρβερ
server

αρχειοθήκη
arkivskap

εκτυπωτής
skriver

οθόνη
skjerm

χαρτί
papir

γραφείο
pult

πόντίκι
mus

ντοσιέ
perm

πληκτρολόγιο
tastatur

καλάθι αχρήστων
papirkurv

υπολογιστής
datamaskin

καρέκλα
stol

κούπα του καφέ
kaffekopp

κομπιουτεράκι
kalkulator

ίντερνετ
internett

λάπτοπ

bærbar pc

γράμμα

brev

μήνυμα

beskjed

κινητό

mobiltelefon

δίκτυο

nettverk

φωτοτυπικό μηχάνημα

kopimaskin

λογισμικό

programvare

τηλέφωνο

telefon

πρίζα

stikkontakt

συσκευή φαξ

faksmaskin

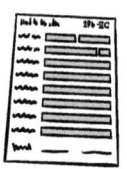

έντυπο

skjema

έγγραφο

dokument

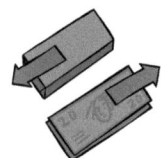

αγοράζω

kjøpe

πληρώνω

betale

συναλλάσσομαι

handle

χρήματα

penger

δολάριο

dollar

ευρώ

euro

γιεν

yen

ρούβλι

rubel

ελβετικό φράγκο

sveitserfranc

ρενμίνμπι γιουάν

renminbi

ρουπία

rupi

ATM (αυτόματη ταμειακή μηχανή)

minibank

ανταλλακτήρια
συναλλάγματος
vekslingskontor

χρυσός
gull

ασήμι
sølv

πετρέλαιο
olje

ενέργεια
energi

τιμή
pris

συμβόλαιο
kontrakt

φόρος
avgift

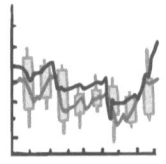

μετοχή
aksje

δουλεύω
jobbe

υπάλληλος
ansatt

εργοδότης
arbeitsgiver

εργοστάσιο
fabrikk

κατάστημα
butikk

επαγγέλματα
yrker

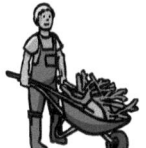

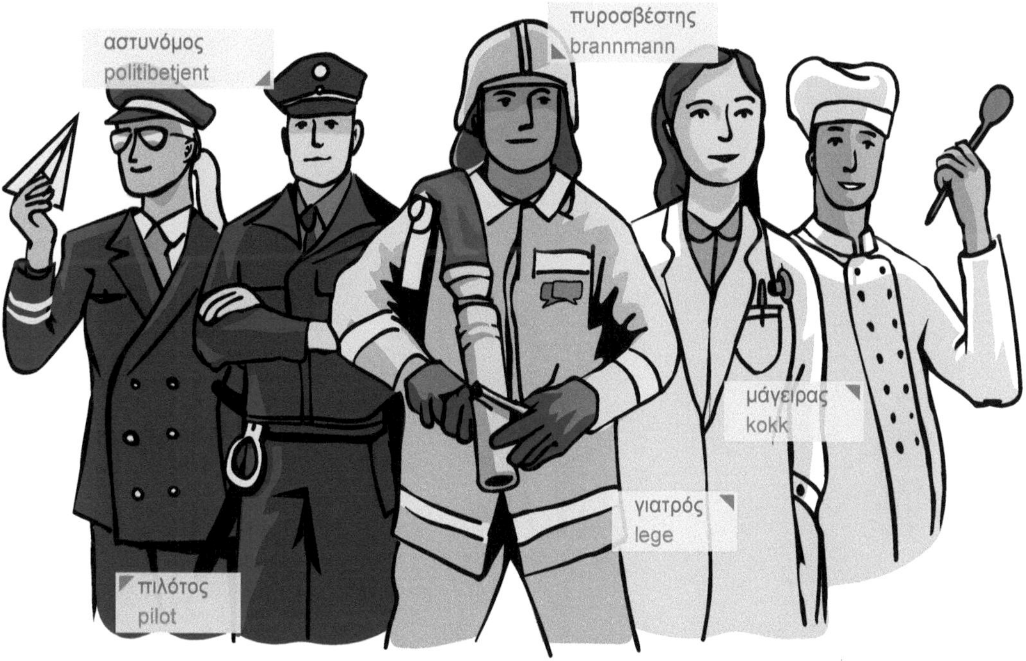

αστυνόμος
politibetjent
πυροσβέστης
brannmann
μάγειρας
kokk
γιατρός
lege
πιλότος
pilot

κηπουρός

gartner

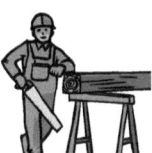

ξυλουργός

snekker

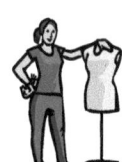

μοδίστρα

syerske

δικαστής

dommer

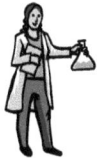

χημικός

kjemiker

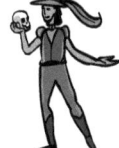

ηθοποιός

skuespiller

οδηγός λεωφορείου

bussjåfør

ταξιτζής

taxisjåfør

ψαράς

fisker

καθαρίστρια

vaskedame

τεχνίτης στεγών

taktekker

σερβιτόρος

kelner

κυνηγός

jeger

ζωγράφος

maler

αρτοποιός

baker

ηλεκτρολόγος

elektriker

οικοδόμος

bygningsarbeider

μηχανολόγος

ingeniør

κρεοπώλης

slakter

υδραυλικός

rørlegger

ταχυδρόμος

postbud

στρατιώτης
soldat

αρχιτέκτονας
arkitekt

ταμίας
kasserer

ανθοπώλης
blomsterhandler

κομμωτής
frisør

ελεγκτής εισιτηρίων
konduktør

μηχανικός
mekaniker

καπετάνιος
kaptein

οδοντίατρος
tannlege

επιστήμονας
forsker

ραβίνος
rabbi

ιμάμης
imam

μοναχός
munk

ιερέας
prest

εργαλεία
verktøy

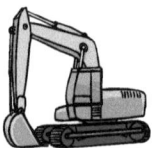

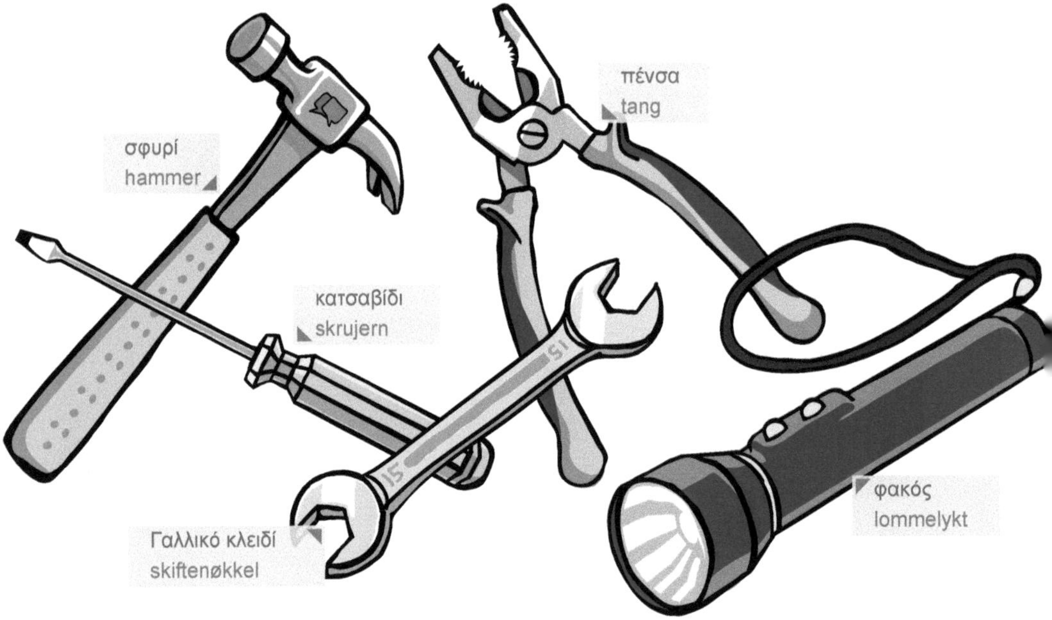
σφυρί
hammer
πένσα
tang
κατσαβίδι
skrujern
Γαλλικό κλειδί
skiftenøkkel
φακός
lommelykt

εκσκαφέας

gravemaskin

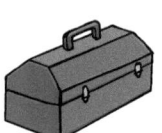

εργαλειοθήκη

verktøykasse

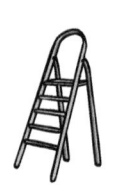

σκάλα

stige

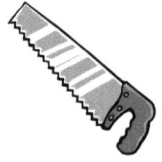

πριόνι

sag

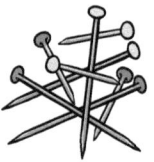

καρφιά

spiker

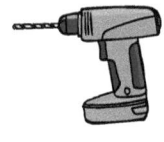

τρυπάνι

bor

επισκευάζω

reparere

φτυάρι

spade

Να πάρει!

Søren!

φαράσι

feiebrett

δοχείο χρωμάτων

malingsspann

βίδες

skruer

μουσικά όργανα
musikkinstrument

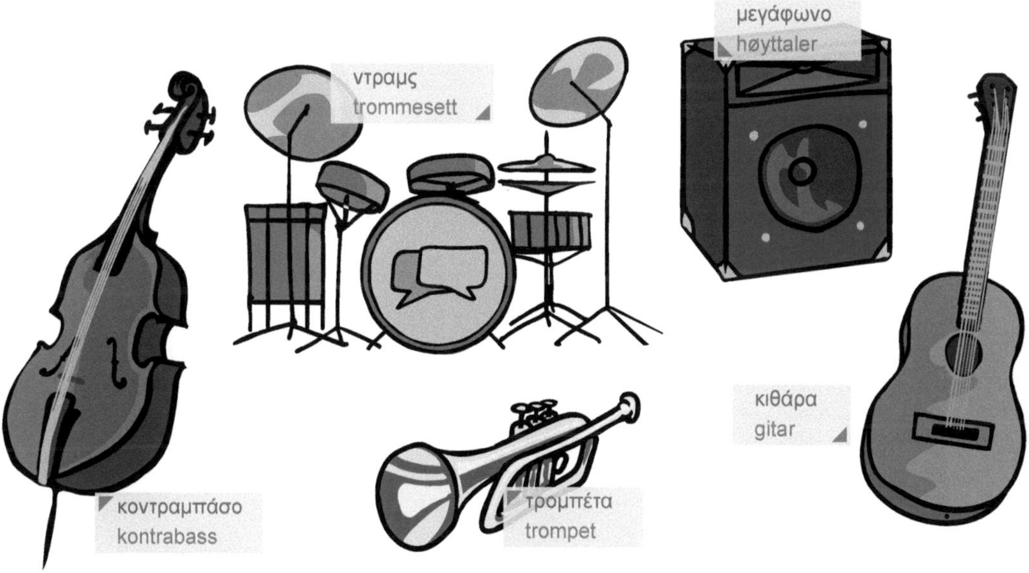

μεγάφωνο
høyttaler

ντραμς
trommesett

κιθάρα
gitar

κοντραμπάσο
kontrabass

τρομπέτα
trompet

πιάνο

piano

βιολί

fiolin

μπάσο

bass

τύμπανα

pauke

τύμπανο

trommer

πλήκτρα

keyboard

σαξόφωνο

saksofon

φλάουτο

fløyte

μικρόφωνο

mikrofon

μουσικά όργανα - musikkinstrument

ζωολογικός κήπος
dyrehage

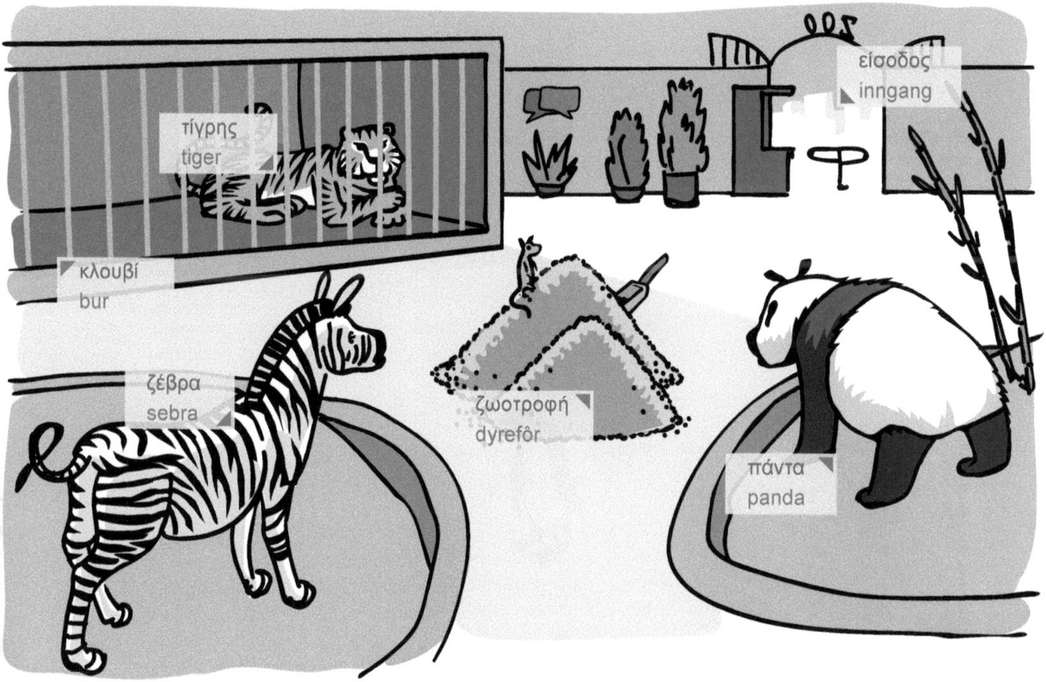

είσοδος
inngang
τίγρης
tiger
κλουβί
bur
ζέβρα
sebra
ζωοτροφή
dyrefôr
πάντα
panda

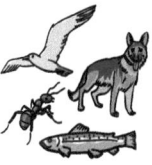

ζώα

dyr

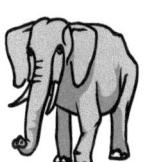

ελέφαντας

elefant

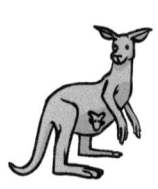

καγκουρό

kenguru

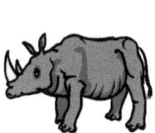

ρινόκερος

neshorn

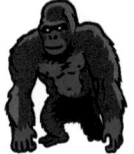

γορίλας

gorilla

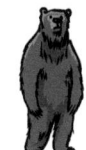

αρκούδα

bjørn

κάμηλα
kamel

στρουθοκάμηλος
struts

λιοντάρι
løve

πίθηκος
ape

φλαμίνγκο
flamingo

παπαγάλος
papegøye

πολική αρκούδα
isbjørn

πιγκουίνος
pingvin

καρχαρίας
hai

παγώνι
påfugl

φίδι
slange

κροκόδειλος
krokodille

φύλακας ζωολογικού κήπου
dyrepasser

φώκια
sel

τζάγκουαρ
jaguar

πόνυ

ponni

λεοπάρδαλη

leopard

ιπποπόταμος

flodhest

καμηλοπάρδαλη

giraff

αετός

ørn

αγριογούρουνο

villsvin

ψάρι

fisk

χελώνα

skilpadde

θαλάσσιος ίππος

hvalross

αλεπού

rev

γαζέλα

gaselle

Αμερικάνικο ποδόσφαιρο
amerikansk fotball

ποδηλασία
sykling

αντισφαίριση
tennis

μπάσκετ
basketball

κολύμβηση
svømming

πυγχαμία
boksing

χόκεϋ επί πάγου
ishockey

ποδόσφαιρο
fotball

μπάντμιντον
badminton

στίβος
friidrett

χάντμπολ
håndball

σκι
stå på ski

πόλο
polo

πηδάω
hoppe

αγκαλιάζω
klemme

γελάω
le

περπατάω
gå

τραγουδάω
synge

ονειρεύομαι
drømme

προσεύχομαι
be

φιλάω
kysse

γράφω	σχεδιάζω	δείχνω
skrive	tegne	vise

πιέζω	δίνω	παίρνω
trykke	gi	ta

έχω
ha

κάνω
gjøre

είμαι
være

στέκομαι
stå

τρέχω
løpe

τραβάω
dra

ρίχνω
kaste

πέφτω
falle

ξαπλώνω
ligge

περιμένω
vente

κουβαλώ
bære

κάθομαι
sitte

φοράω
kle på

κοιμάμαι
sove

ξυπνάω
våkne

δραστηριότητες - aktiviteter

κοιτάω

se på

κλαίω

gråte

χαϊδεύω

stryke

χτενίζω

gre

μιλάω

snakke

καταλαβαίνω

forstå

ρωτάω

spørre

ακούω

høre

πίνω

drikke

τρώω

spise

συγυρίζω

rydde

αγαπάω

elske

μαγειρεύω

lage mat

οδηγώ

kjøre

πετάω

fly

κάνω ιστιοπλοΐα

seile

υπολογίζω

regne

διαβάζω

lese

μαθαίνω

lære

δουλεύω

jobbe

παντρεύομαι

gifte seg

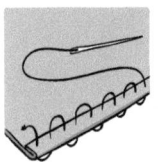

ράβω

sy

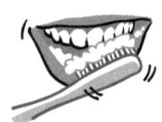

βουρτσίζω τα δόντια

pusse tenner

σκοτώνω

drepe

καπνίζω

røyke

στέλνω

sende

γιαγιά
bestemor

παππούς
bestefar

πατέρας
far

μητέρα
mor

μωρό
baby

κόρη
datter

γιος
sønn

καλεσμένος

gjest

θεία

tante

θείος

onkel

αδελφός

bror

αδελφή

søster

σώμα

kropp

μέτωπο
panne
μάτι
øye
ώμος
skulder
δάχτυλο
finger
πρόσωπο
fjes
πιγούνι
hake
χέρι
hånd
πόδι
ben
στήθος
bryst
βραχίονας
arm

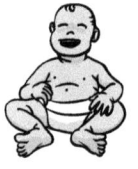

μωρό

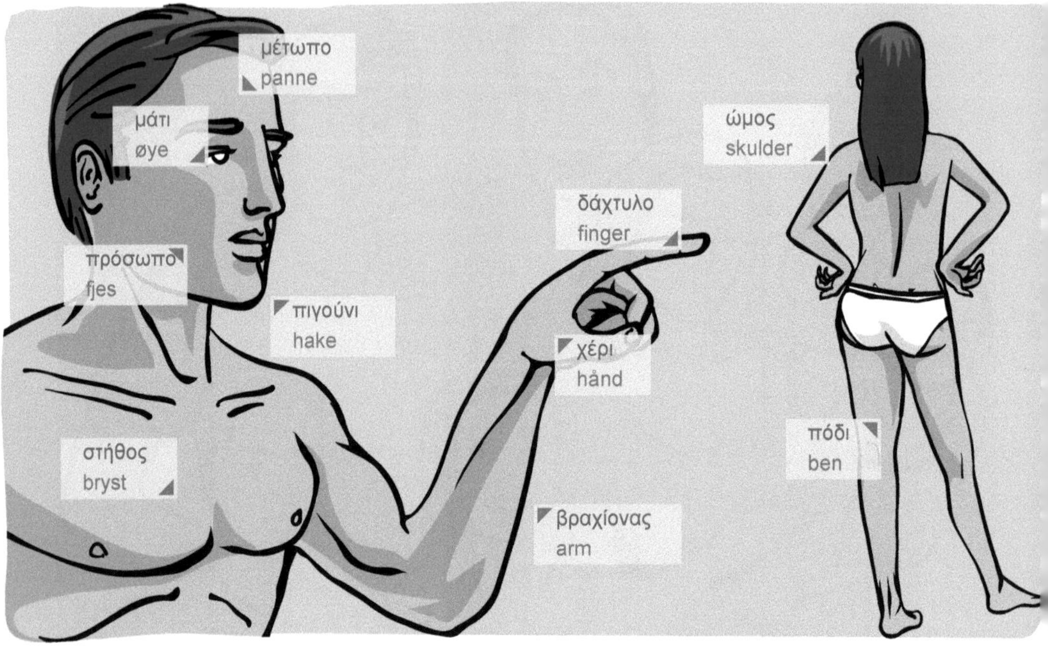

baby

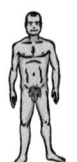

άνδρας

mann

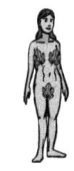

γυναίκα

kvinne

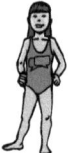

κορίτσι

jente

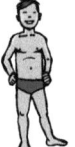

αγόρι

gutt

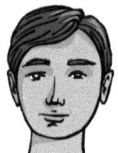

κεφάλι

hode

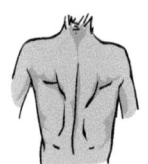

πλάτη

rygg

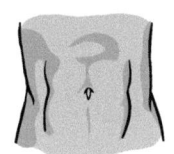

κοιλιά

mage

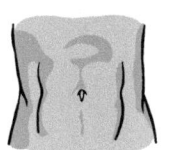

αφαλός

navle

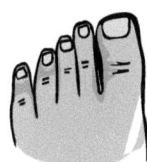

δάχτυλο ποδιού

tå

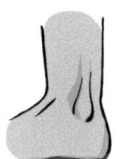

φτέρνα

hæl

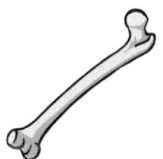

κόκκαλο

bein

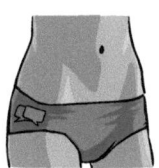

γοφός

hofte

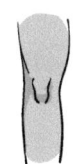

γόνατο

kne

αγκώνας

albue

μύτη

nese

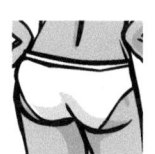

γλουτός

rumpe

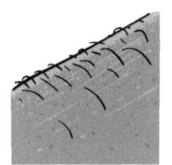

δέρμα

hud

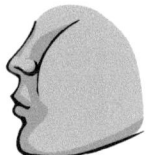

μάγουλο

kinn

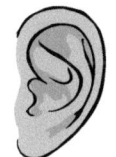

αυτί

øre

χείλος

leppe

στόμα

munn

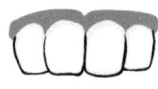

δόντι

tann

γλώσσα

tunge

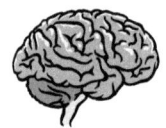

εγκέφαλος

hjerne

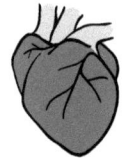

καρδιά

hjerte

μυς

muskel

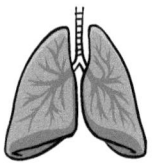

πνεύμονας

lunge

συκώτι

lever

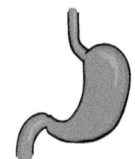

στομάχι

magesekk

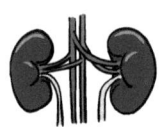

νεφρά

nyrer

σεξουαλική επαφή

samleie

προφυλακτικό

kondom

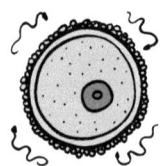

ωάριο

eggcelle

σπέρμα

sæd

εγκυμοσύνη

graviditet

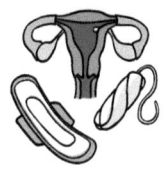

περίοδος

menstruasjon

γυναικείος κόλπος

vagina

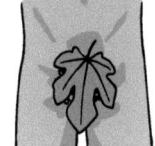

πέος

penis

φρύδι

øyenbryn

μαλλιά

hår

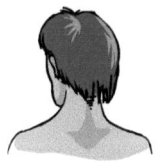

λαιμός

hals

νοσοκομείο
sykehus

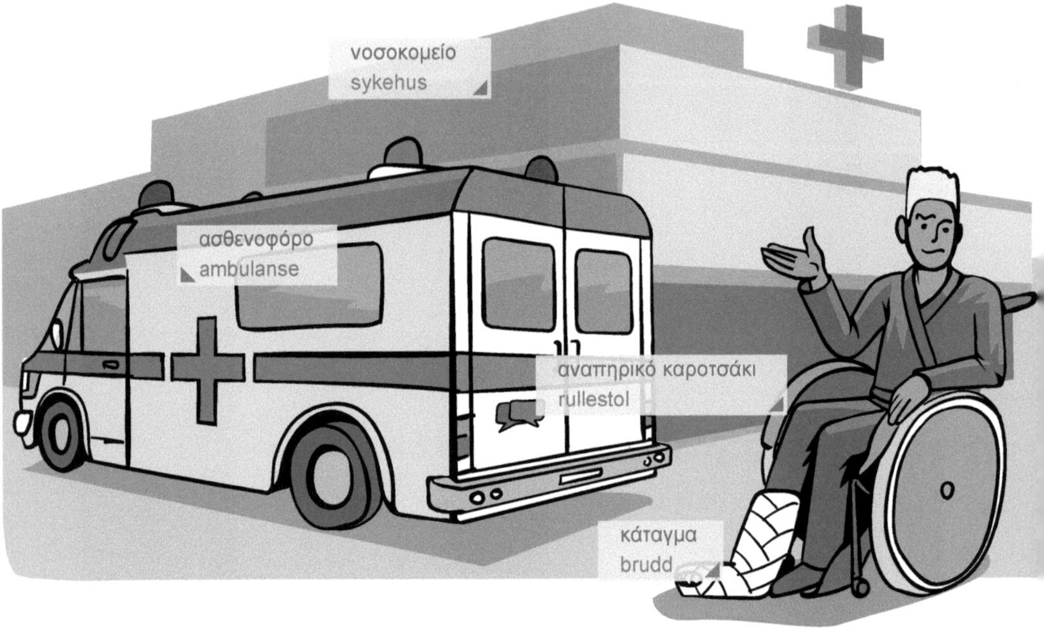

νοσοκομείο
sykehus
ασθενοφόρο
ambulanse
αναπηρικό καροτσάκι
rullestol
κάταγμα
brudd

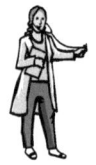

γιατρός

lege

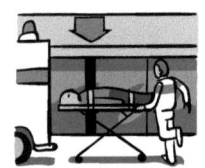

μονάδα εντατικής θεραπείας

akuttmottak

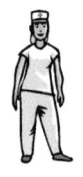

νοσοκόμα

sykepleier

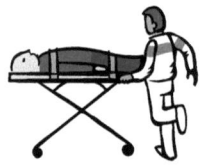

έκτακτη ανάγκη

nødsituasjon

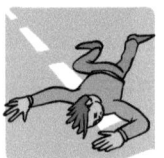

λιπόθυμος

bevisstløs

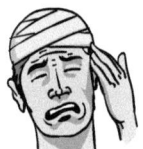

πόνος

smerte

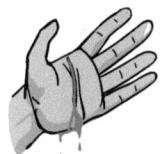

τραύμα

skade

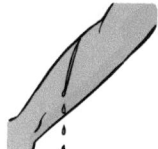

αιμορραγία

blødning

έμφραγμα

hjerteinfarkt

εγκεφαλικό

hjerneslag

αλλεργία

allergi

βήχας

hoste

πυρετός

feber

γρίπη

influensa

διάρροια

diaré

πονοκέφαλος

hodepine

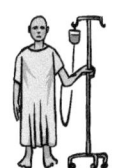

καρκίνος

kreft

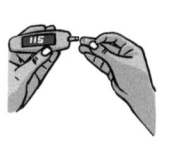

διαβήτης

diabetes

χειρουργός

kirurg

νυστέρι

skalpell

εγχείρηση

operasjon

αξονική τομογραφία

CT

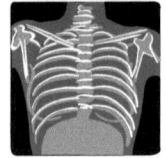

ακτινογραφία

røntgen

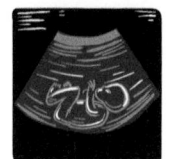

υπέρηχος

ultralyd

μάσκα

ansiktsmaske

ασθένεια

sykdom

αίθουσα αναμονής

venterom

πατερίτσα

krykke

χάνσαπλαστ

plaster

επίδεσμος

bandasje

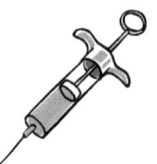

ένεση

injeksjon

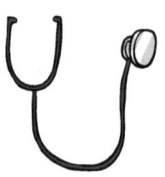

στηθοσκόπιο

stetoskop

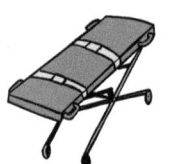

φορείο

bàre

θερμόμετρο

klinisk termometer

γέννηση

fødsel

υπέρβαρο

overvekt

ακουστικό βαρηκοΐας

høreapparat

αντισηπτικό

desinfeksjonsmiddel

λοίμωξη

infeksjon

ιός

virus

HIV/AIDS

HIV/AIDS

φάρμακο

medisin

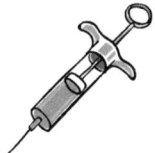

εμβολιασμός

vaksinasjon

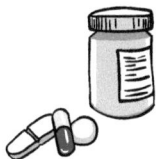

δισκία

tabletter

χάπι

pille

κλήση έκτακτης ανάγκης

nødanrop

πιεσόμετρο αίματος

blodtrykksmåler

άρρωστος / υγιής

syk / frisk

Βοήθεια!

Hjelp!

συναγερμός

alarm

βιαιοπραγία

overfall

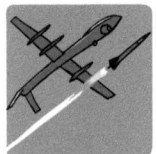

επίθεση

angrep

κίνδυνος

fare

έξοδος κινδύνου

nødutgang

Φωτιά!

Brann!

πυροσβεστήρας

brannslukker

ατύχημα

ulykke

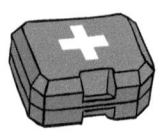

κουτί πρώτων βοηθειών

førstehjelpsskrin

SOS

SOS

αστυνομία

politi

Ευρώπη

Europa

Βόρεια Αμερική

Nord-Amerika

Νότια Αμερική

Sør-Amerika

Αφρική

Afrika

Ασία

Asia

Αυστραλία

Australia

Ατλαντικός Ωκεανός

Atlanterhavet

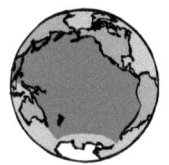

Ειρηνικός Ωκεανός

Stillehavet

Ινδικός Ωκεανός

Det indiske hav

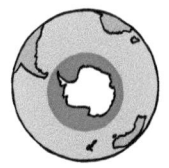

Ανταρκτικός Ωκεανός

Sørishavet

Αρκτικός Ωκεανός

Nordishavet

Βόρειος Πόλος

Nordpolen

Νότιος Πόλος

Sydpolen

Ανταρκτική

Antarktis

Γη

jorden

γη

land

θάλασσα

sjø

νησί

øy

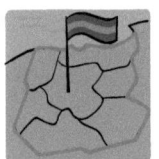

έθνος

nasjon

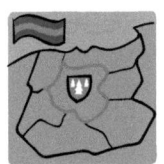

πολιτεία

stat

κ-αντράν ρολογιού

urskive

ωροδείκτης

timeviser

λεπτοδείκτης

minuttviser

δείκτης δευτερολέπτων

sekundviser

Τι ώρα είναι;

Hva er klokken?

ημέρα

dag

χρόνος

tid

τώρα

nå

ψηφιακό ρολόι

digitalklokke

λεπτό

minutt

ώρα

time

εβδομάδα
uke

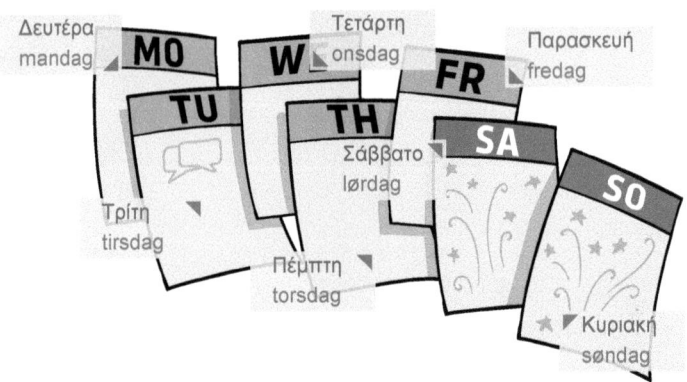

Δευτέρα mandag
Τετάρτη onsdag
Παρασκευή fredag
Τρίτη tirsdag
Πέμπτη torsdag
Σάββατο lørdag
Κυριακή søndag

χθες

i går

σήμερα

i dag

αύριο

i morgen

πρωί

morgen

μεσημέρι

middag

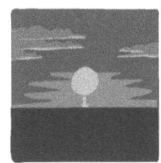

βράδυ

kveld

MO	TU	WE	TH	FR	SA	SU
1	2	3	4	5	6	7
8	9	10	11	12	13	14
15	16	17	18	19	20	21
22	23	24	25	26	27	28
29	30	31	1	2	3	4

εργάσιμες ημέρες

arbeidsdag

MO	TU	WE	TH	FR	SA	SU
1	2	3	4	5	6	7
8	9	10	11	12	13	14
15	16	17	18	19	20	21
22	23	24	25	26	27	28
29	30	31	1	2	3	4

Σαββατοκύριακο

helg

έτος
år

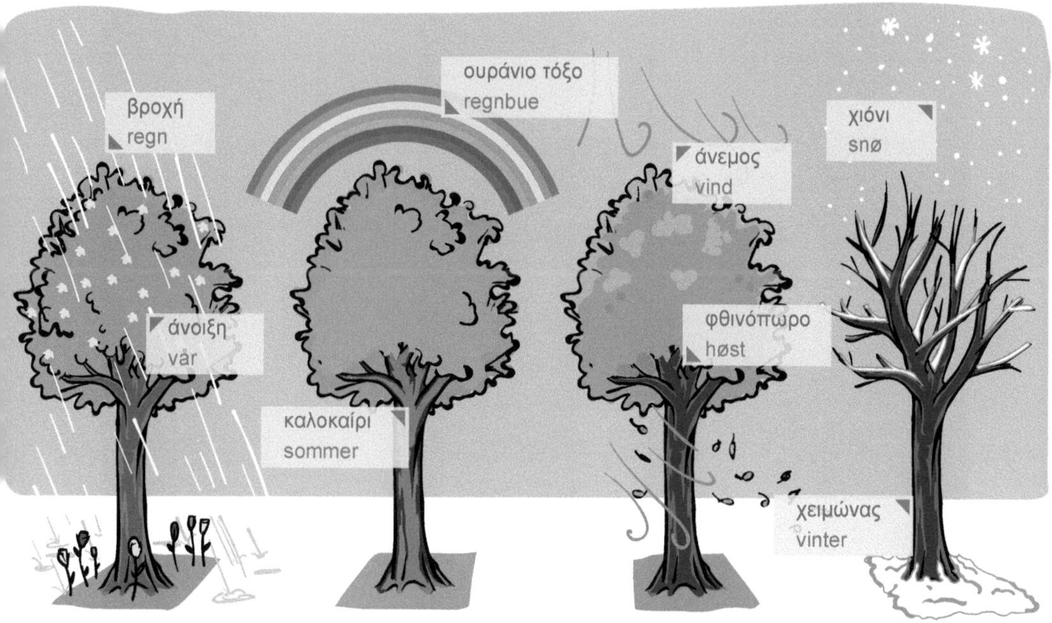

βροχή
regn
ουράνιο τόξο
regnbue
άνεμος
vind
χιόνι
snø
άνοιξη
vår
φθινόπωρο
høst
καλοκαίρι
sommer
χειμώνας
vinter

4.APRIL 11°
5.APRIL 4°
6.APRIL 13°
7.APRIL 8°
8.APRIL 10°

πρόγνωση καιρού

værmelding

F C
120 40
90 30
60 20
30 10
0 0
-30 -10
-20

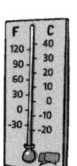

θερμόμετρο

termometer

λιακάδα

solskinn

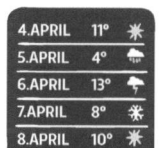

σύννεφο

sky

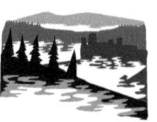

ομίχλη

tåke

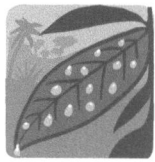

υγρασία

luftfuktighet

αστραπή

lyn

κεραυνός

torden

καταιγίδα

storm

χαλάζι

hagl

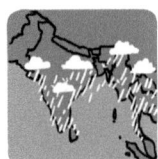

μουσώνας

monsun

πλημμύρα

oversvømmelse

πάγος

is

Ιανουάριος

januar

Φεβρουάριος

februar

Μάρτιος

mars

Απρίλιος

april

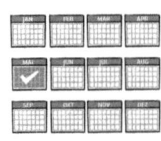

Μάιος

mai

Ιούνιος

juni

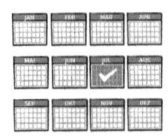

Ιούλιος

juli

Αύγουστος

august

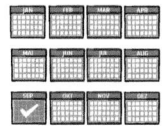

Σεπτέμβριος

september

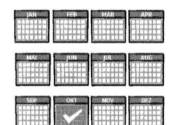

Οκτώβριος

oktober

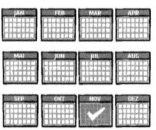

Νοέμβριος

november

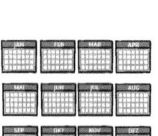

Δεκέμβριος

desember

σχήματα
former

κύκλος

sirkel

τετράγωνο

kvadrat

ορθογώνιο
παραλληλόγραμμο
rektangel

τρίγωνο

triangel

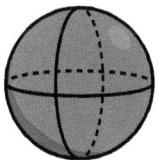

σφαίρα

kule

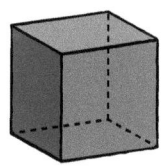

κύβος

kube

άσπρο

hvit

κίτρινο

gul

πορτοκαλί

oransj

ροζ

rosa

κόκκινο

rød

μωβ

lilla

μπλε

blå

πράσινο

grønn

καφέ

brun

γκρι

grå

μαύρο

svart

πολύ / λίγο

mye / lite

θυμωμένος / ήρεμος

sint / rolig

όμορφος / άσχημος

pen / stygg

αρχή / τέλος

start / slutt

μεγάλος / μικρός

stor / liten

φωτεινός / σκοτεινός

lys / mørk

αδελφός / αδελφή

bror / søster

καθαρός / λερωμένος

ren / skitten

πλήρης / ατελής

fullstendig / ufullstendig

ημέρα / νύχτα

dag / natt

νεκρός / ζωντανός

død / levende

φαρδύς / στενός

bred / smal

βρώσιμος / μη βρώσιμος

spiselig / uspiselig

κακός / ευγενικός

ond / snill

ενθουσιασμένος / βαριεστημένος

begeistret / lei

παχύς / λεπτός

tykk / tynn

πρώτος / τελευταίος

først / sist

φίλος / εχθρός

venn / fiende

γεμάτος / άδειος

full / tom

σκληρός / μαλακός

hard / myk

βαρύς / ελαφρύς

tung / lett

πείνα / δίψα

sulten / tørst

άρρωστος / υγιής

syk / frisk

παράνομος / νόμιμος

ulovlig / lovlig

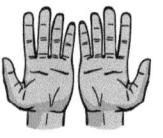

έξυπνος / χαζός

intelligent / dum

αριστερός / δεξιός

venstre / høyre

κοντινός / μακρινός

nære / langt unna

καινούριος / μεταχειρισμένος

ny / brukt

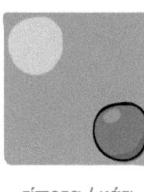

τίποτα / κάτι

ingenting / noe

γέρος | νέος

gammel / ung

αναμμένος / σβηστός

på / av

ανοιχτός / κλειστός

åpen / stengt

χαμηλόφωνος / μεγαλόφωνος

lavt / høyt

πλούσιος / φτωχός

rik / fattig

σωστός / λανθασμένος

riktig / feil

τραχύς / λείος

ru / glatt

λυπημένος / χαρούμενος

trist / glad

κοντός / μακρύς

kort / lang

αργός / γρήγορος

langsom / rask

υγρός / στεγνός

vått / tørt

ζεστός / δροσερός

varm / lunken

πόλεμος / ειρήνη

krig / fred

αντίθετα - motsetninger

0

μηδέν

null

1

ένα

en

2

δύο

to

3

τρία

tre

4

τέσσερα

fire

5

πέντε

fem

6

έξι

seks

7

εφτά

sju

8

οκτώ

åtte

9

εννιά

ni

10

δέκα

ti

11

έντεκα

elleve

12

δώδεκα

tolv

13

δεκατρία

tretten

14

δεκατέσσερα

fjorten

15

δεκαπέντε

femten

16

δεκαέξι

seksten

17

δεκαεφτά

sytten

18

δεκαοκτώ

atten

19

δεκαεννέα

nitten

20

είκοσι

tjue

100

εκατό

hundre

1.000

χίλια

tusen

1.000.000

εκατομμύριο

million

αριθμοί - tall

Αγγλικά

engelsk

Αμερικάνικα Αγγλικά

amerikansk engelsk

Μανδαρίνικα Κινέζικα

mandarin

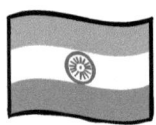

Χίντι

hindi

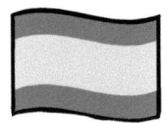

Ισπανικά

spansk

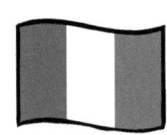

Γαλλικά

fransk

Αραβικά

arabisk

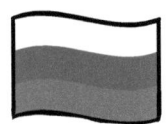

Ρώσικα

russisk

Πορτογαλικά

portugisisk

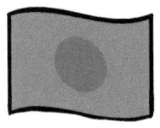

Μπενγκάλι

bengali

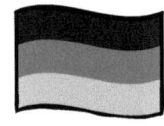

Γερμανικά

tysk

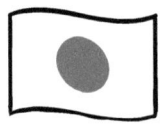

Ιαπωνικά

japansk

εγώ

jeg

εσύ

du

αυτός / αυτή / αυτό

han / hun / det

εμείς

vi

εσείς

dere

αυτοί / αυτές / αυτά

de

ποιος / ποια / ποιο;

hvem?

τι;

hva?

πώς;

hvordan?

πού;

hvor?

πότε;

når?

όνομα

navn

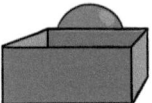

πίσω

bakom

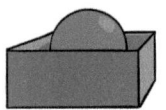

μέσα

i

μπροστά

foran

πάνω από

over

πάνω

på

κάτω

under

δίπλα

ved siden av

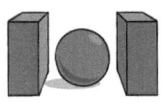

ανάμεσα

mellom

μέρος

sted